키 10cm 더 크는
슈퍼루틴

1MAN 5000NIN NO DATA NI MOTOZUITA SUGOI SHINCHO NO NOBASHI KATA
© Yu Tanabe 2024
First published in Japan in 2024 by KADOKAWA CORPORATION, Tokyo.
Korean translation rights arranged with KADOKAWA CORPORATION, Tokyo
through ENTERS KOREA CO., LTD.

이 책의 한국어판 저작권은 (주)엔터스코리아를 통해 저작권자와 독점 계약한 유아이북스에 있습니다.
저작권법에 의하여 한국 내에서 보호를 받는 저작물이므로 무단전재와 무단복제를 금합니다.

15,000명 임상 분석이 증명한
## 성장판 골든타임 솔루션

다나베 유우 지음
박현아 옮김

# 키 10cm 더 크는 슈퍼루틴

유아이북스

### 일러두기

이 책의 핵심 근거는 일본 소아, 청소년 1만 5000명 대상 임상 연구에서 출발했습니다.

뼈 성장판의 구조와 성장 호르몬 분비 매커니즘은 한국, 일본 등 동아시아 어린이에게 공동으로 석용뇌시반, 뉴선과 생활 습관, 영양 상태에 따라 개인 차가 있을 수 있습니다.

## 시작하며

# 이 책은 키 때문에 고민하는 여러분을 위한 책입니다

- ✔ 키가 커지고 싶지만 어떻게 해야 할지 방법을 모르는 분
- ✔ 키가 작지는 않지만, 좀 더 커지고 싶은 분
- ✔ 180cm가 넘으면 좋겠다고 희망하는 남자아이
- ✔ 어떻게 해서든 170cm까지 자라고 싶은 남자아이
- ✔ 160cm 이상의 키를 희망하는 여자아이
- ✔ 모델처럼 늘씬하고 키가 큰 여성을 동경하는 여자아이
- ✔ 키가 커져서 인기를 얻고 싶은 남자아이
- ✔ 키 작은 자녀 때문에 병원에서 상담을 받았더니, "병원에서 할 수 있는 일은 아무것도 없다"라는 말을 들은 부모님
- ✔ 부모가 모두 키가 작아 아이도 키가 작진 않을지 걱정하는 부모님
- ✔ 동아리 활동이나 운동선수로 활약하고 싶어서 키가 크고 싶은 남자아이와 여자아이

키가 크고 싶은 모든 분께

## 이 책에서는 성장에 대한 새로운 견해를 제안해 드립니다.

### 생활 습관을 연구하면 키가 커질 수 있는 시대가 되었습니다.

## 키가 크기 위해서 먼저, 알아두어야 할 정보입니다.

- 현재 키
- 부모님의 키
- 과거 키
- 사춘기 증상(이 시작된 시기), 예시: 여자라면 '가슴이 커진다', 남자라면 '음모가 난다' 등

더 자세히 알아보고 싶으신 분은 엑스레이 검사, 혈액 검사 등을 하기도 합니다.

처음 뵙겠습니다. '키 선생님'인 정형외과의사, 다나베 유우입니다.

앞으로 여러분에게 키가 커지는 새로운 방법을 이야기해 드리겠습니다!

대한민국 소아청소년 성장도표

**이 책이
여러분의 성장을
도와줄 것입니다**

178쪽의 성장 시트를 통해 변화를 실감할 수 있습니다.

키가 자랄 때 어디가 늘어나는지 알고 계시나요?

바로 뼈가 늘어납니다

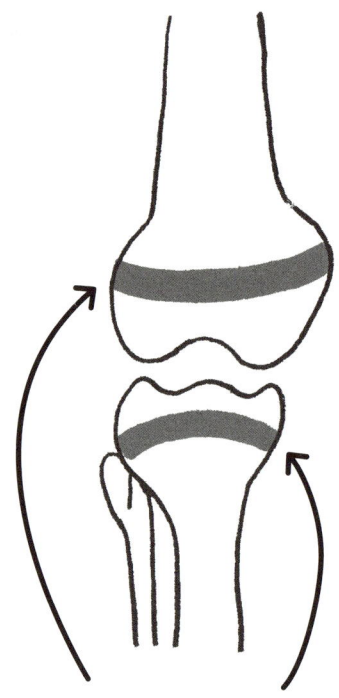

뼈의 이 검은 선 부분을
골단선이라고 하는데,
이곳이 늘어납니다.

키가 많이 자라는 시기는 정해져 있는데 바로,

## 아이의 몸에서 어른의 몸으로 변해가는 사춘기입니다.

사춘기가 시작되는 시기는 사람마다 제각각입니다.

✔ 사춘기가 빨리 찾아오는 타입

✔ 사춘기가 늦게 찾아오는 타입

✔ 그 중간인 평균 타입

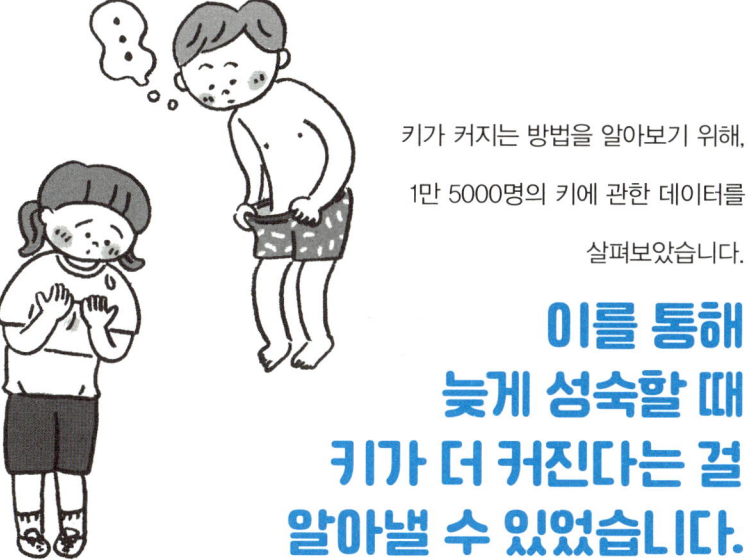

키가 커지는 방법을 알아보기 위해, 1만 5000명의 키에 관한 데이터를 살펴보았습니다.

## 이를 통해 늦게 성숙할 때 키가 더 커진다는 걸 알아낼 수 있었습니다.

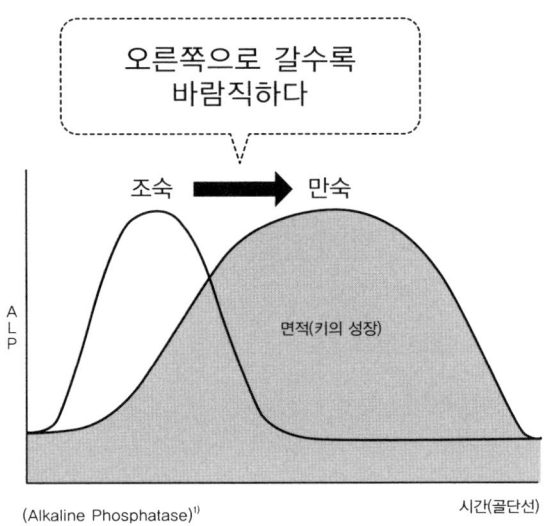

여러분, 가만히 내버려두면 키가 멋대로 자랄 거라고 생각하시나요?

> 이 그래프에서는 산의 면적이 키를 나타냅니다.
> 즉 면적이 넓을수록 키가 커지고 조숙보다 만숙이 키가 커지기 쉬운 것입니다.
> 조숙화를 늦추는 생활을 연구하는 것도 중요합니다.

1) 간에서 만들어지는 효소 중 하나로 뼈의 대사 지표이다.

뼈의 대사가 늘어나면 뼈가 성장하고 키도 커집니다.

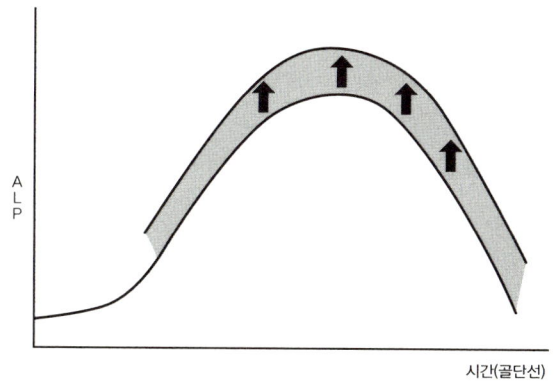

뼈의 대사를 늘리는 주요한 요인은 2가지입니다.
- 성장을 촉진하는 성장 호르몬의 분비를 늘린다.
- 뼈를 만드는 영양을 듬뿍 섭취한다.

이를 위해, **여러분이 할 수 있는 일도 알게 되었습니다!**

# 포인트는 식사·수면·운동

**식사**

균형 있는 식사로 단백질, 철, 아연, 비타민D, 칼슘 등 중요 영양소를 제대로 섭취한다.

**수면**

목표 수면 시간
- 초등학생: 9~11시간
- 중학생: 8~11시간
- 고등학생: 7~10시간

잠든 이후 최초의 90분이 매우 중요하다.

**운동**

성장 호르몬 분비를 촉진한다.
수면의 질을 높인다.
영양 흡수력도 상승한다.

## 해야 할 일은 매우 간단합니다.
## 식사, 수면, 운동입니다.

제대로 먹고 몸을 자주 움직이고 잘 자는 것입니다.

키를 늘리기 위해 하루하루를 소중히 쌓아나갑시다. 그렇게 쌓아나간 날들이 '어라? 키가 꽤 커졌네!'라고 느낄 만한 좋은 결과(큰 키)가 되어 나타날 것입니다. 이는 결코 기적이 아닙니다. 우연의 산물도 아닙니다. 당신이 스스로 해낸 일입니다.

키가 커진 분들은 '멋있어졌다, 인기가 많아졌다, 부 활동에서 활약했다, 키에 대한 고민이 해소되었다, 자신감이 생겼다' 등 많은 의견을 주셨습니다.

## 그럼, 바로 시작해 봅시다!

# 키가 커졌어요!

지금부터 '키가 커지는 방법'을 소개하겠습니다.
이 방법을 실천하고 많은 분들이 좋은 결과를 얻었습니다.

10세 7개월 때부터 도전을 시작했습니다. 우유를 매일 마시고, 100g 이상의 단백질을 먹고, 과자는 참았습니다. 매일 정해진 시간에 누웠으며 9시간 자고 일어났습니다. 운동은 농구를 일주일에 2~3시간 했습니다. 시작할 때는 147cm이었던 키가 168cm가 되었습니다. 21cm나 커졌어요! 목표하는 키는 180cm입니다. 아직 시간이 있으니, 열심히 목표하는 키까지 자라고 싶습니다.

13세 남자

11세 남자

축구에서 골키퍼를 맡고 있는데, 키가 커지고 싶다고 생각했습니다. 우유를 매일 마시고 단백질 쉐이크도 먹고 있으며 고기도 잘 먹으려 하고 있습니다. 정해진 시간에 자고, 9~10시간 잡니다. 축구는 일주일에 4일, 2~3시간 충분히 연습합니다. 시작한 지 아직 3개월이지만, 이 짧은 기간에 4cm가 자랐습니다!

초등학교를 졸업할 때 키가 153cm였습니다. 그러다 보니 키에 굉장히 콤플렉스가 있었습니다. 우유를 매일 마시고, 가다랑어나 참치 등을 챙겨 먹고 있습니다. 낫토 같은 건 잘 먹지 않습니다. 운동은 매일 2시간씩 충분히 하고 있습니다. 시작한 지 반년 만에 키가 10cm 정도 자라, 163.4cm까지 컸습니다! 초등학교 때부터 배구를 하고 있는데, 배구부에서 활약할 수 있게 되었습니다. 그 점이 기쁩니다!

12세 남자

14세 남자

11세 11개월부터 도전했습니다. 그때 키가 155.8cm였습니다. 식사 때는 단백질을 의식적으로 먹도록 노력하고 있습니다. 수면 시간은 9시간 정도입니다. 운동은 야구를 하고 있으며 이외에도 매일 30분씩 운동하고 있습니다. 그리고 현재, 174cm까지 자랐습니다. 스스로에게 자신감이 생긴 것 같습니다. 180cm까지 자랄 것 같습니다!

시작하며 … 6

## 1장
## 성장에 관한 완전히 새로운 의견

내버려두면 키가 알아서 자랄 거라고 생각하시나요? … 24
키가 크려면 정보를 모으는 것이 첫 번째 … 27
키 크는 데 유전자가 전부는 아니다?! … 30
병원에서 '할 수 있는 일은 아무것도 없다'라는 말을 들었다 … 34
1cm라도 더 크기 위한 무기, 바로 '성장 시트'! … 38
사춘기에 키가 커지는 메커니즘은? … 41
키 크는 신호, 키가 멈추는 신호는 무엇일까? … 45
조숙과 만숙의 성장은 무엇이 다를까 … 50
키가 자라는 것은 뼈가 자라는 것이었다! … 54
'앞으로 얼마나 클까'는 ALP로 정해진다 … 57
ALP의 피크는 조숙, 만숙과 밀접하게 관련되어 있다 … 60

중요한 골단선과 ALP의 관계는 '시간×속도'다 … 64
생활을 바꾸면 키가 자랄 수 있는 시대 … 66
뼈의 대사를 높이기 위해 뭘 하면 좋을까 … 69
키가 크는 3가지 포인트란? … 71
Q&A … 73

## 2장
# 우선, 식사로 키를 늘린다

**1번째 방법** | 최근 100년간 일본인의 평균 키가 커진 이유 … 80
**2번째 방법** | 키가 크는 데 제일 중요한 영양소는 단백질 … 83
**3번째 방법** | 영양소의 중요도를 이해하고 먹자 … 87
**4번째 방법** | 단백질은 주식의 2배로 섭취하는 것을 기준으로 삼자 … 90
**5번째 방법** | 달걀을 하루에 2개씩 먹으면? … 94
**6번째 방법** | 하루 3잔의 우유로 키가 커진다 … 98
**7번째 방법** | 성장에 필수인 철은 헴철로 섭취하자 … 102
**8번째 방법** | 아연 부족은 성장 호르몬을 저하시킨다 … 107
**9번째 방법** | 칼슘 흡수를 돕는 비타민D란? … 111
**10번째 방법** | 키가 크기 위해 자제해야 할 영양 성분은? … 114
**11번째 방법** | 비만은 조숙화로 이어져 키 성장을 멈추게 할 수 있다 … 118
**12번째 방법** | 건강한 성장을 위해 체중을 매일 기록하자 … 120
Q&A … 122

## 3장
# 잠자는 아이는 실제로 자란다

**13번째 방법** | 키가 크는 데 필요한 수면 시간은? … 128

**14번째 방법** | 자는 아이를 깨우지 말자! … 132

**15번째 방법** | 질 좋은 수면을 확보하기 위한 철칙 … 137

**16번째 방법** | 일어나서 제일 먼저 뭘 하면 좋을까? … 144

Q&A … 146


## 4장
# 키가 커지는 운동은?

**17번째 방법** | 제일 효율적인 방법은 운동 … 150

**18번째 방법** | 60분의 운동이 성장 호르몬을 촉진한다 … 152

**19번째 방법** | 추천하는 적절한 운동 … 156

**20번째 방법** | 일상 속 근력 운동으로 키가 커진다 … 160

**21번째 방법** | 키가 크는 스트레칭 … 163

Q&A … 167

**번외편** 우리 성장 클리닉만의 방법 ··· 171

끝으로 ··· 174

성장 시트 보는 법 ··· 178

참고 문헌 ··· 179

# 1장

## 성장에 관한
## 완전히 새로운 의견

# 내버려두면 키가 알아서
# 자랄 거라고 생각하시나요?

 여러분, 키가 몇cm까지 크고 싶으신가요? 우선, 첫 번째로 자신의 목표 키를 정해보시길 바랍니다. 왜냐하면 그저 막연한 생각만으로는 충분하지 않기 때문입니다. 아이 성장 클리닉에서 상담하고 있으면 많은 사람이 아이의 성장(키의 성장)에 대해 오해와 착각을 하고 있다는 것을 느낍니다.
 '키는 내버려두면 알아서 자란다', '고등학생이 되면 키가 자란다'
 이는 매우 큰 오해인데 생각보다 이렇게 생각하는 분이 꽤 많이 계십니다. 하지만 안타깝게도, '언젠가 자라겠지'는 안이한 생각입니다. 내버려두면 키가 자란다는 보증은 어디에도 없습니다. 일단, 키를 키우려는 의지로 결의를 다지는 것이 중요합니다. 거기서부터 모든 것이 시작됩니다. 큰 키는 적극적으로 키가 크기 위해 행동을 해야 얻을 수 있는 것입니다. 그런 시대가 되었습니다. 저는 이러한 생각을 바탕으로 성장 클리닉의 외래 진료와 유튜브(YouTube) 동영상에서 이야기하고 있습니다.

그럼, 한 번 더 묻겠습니다.

당신(자녀)이 목표로 하거나 이상적으로 생각하는 키가 있습니까? 만약 없다면 자신의 목표 키를 정해봅시다. 예를 들어, '180cm대까지 크면 좋겠어!', '동경하는 OOO 씨 정도로 크고 싶어!'와 같은 이상적인 키도 물론 괜찮습니다. 남자라면 '170cm 대는 꼭 되고 싶어'라든가, 여자라면 '160cm는 되고 싶어', '평균 키보다는 조금 더 컸으면 좋겠어' 등 여러 가지 목표를 설정해 볼 수 있습니다.

다만, 무슨 수를 써서라도 달성하고 싶은 최저 목표치가 중요합니다. '무슨 수를 써서라도'라는 강한 의지가 중요하지요. 일단 목표하는 키를 정해야 합니다. 그리고 그 키에 1cm씩이라도 가까이 가기 위해 매일 할 수 있는 일을 거듭해야 합니다.

그럼 키가 크는 데 중요한 요소로 어떤 것이 있을까요?

키 크는 구조는 어떤 메커니즘인지, 키 성장을 멈추게 하는 결정타는 어떤 요소인지, 키가 큰 사람에게는 어떤 특징이 있는지 등 의학 연구의 진전으로 새롭게 밝혀진 사실들이 있습니다. 이러한 연구와 새로운 데이터가 키가 크는 데 귀중한 단서가 되고 있습니다. 데이터와 논문 등도 소개하면서 앞으로 성장에 대한 새로운 견해를 소개해 드리겠습니다.

# 키가 크려면 정보를 모으는 것이 첫 번째

 키가 크는 데 꼭 체크해 보고 싶은 6가지 중요한 요소가 있습니다. 이는 최종 키를 좌우하는 요소이기도 합니다. 먼저, 그 6가지를 꼽아보겠습니다.

**최종 키와 관련된 6가지 요소**

❶ 현재 키

❷ 부모님의 키

❸ 과거 키

❹ 사춘기 증상

❺ 엑스레이 검사

❻ 혈액 검사

각각에 대해 간단히 해설해 보겠습니다.

❶ 현재 키

두말할 것도 없이 앞으로 당신(자녀)의 키가 크는 데 스타트 라인이 되는 수치입니다. 이 수치를 바탕으로, 최종 키를 포함한 장래의 키를 생각해 봅시다.

❷ 부모님의 키

아이의 키는 유전적인 영향을 받습니다. 부모님의 키를 확인해 봅시다.

❸ 과거 키

현재까지의 키에 대한 기록이 있다면 장래의 키를 예측할 때 귀중한 재료가 됩니다. 만약 기록이 있다면 확인해 주세요. 자세할수록 도움이 됩니다.

❹ 사춘기 증상

사춘기란, 성호르몬 분비가 시작되는 시기입니다. 남자아이의 몸이 남성의 몸으로, 여자아이의 몸이 여성의 몸으로 변해갑니다. 그 몸의 변화(남자라면 '음모가 난다', 여자라면 '가슴이 커진다' 등)가 언제 시작됐는지, 또는 아직 시작되지 않았는지 체크해 보는 것이 무척 중요합니다. 사춘기에 접어들면 키 성장에도 가속도가 붙습니다. 언제부터 사춘기가 시작되었는지는 키의 최종 성장과 밀접한 관련이 있습니다.

❺ 엑스레이 검사

이 책에서는 주로 손의 엑스레이 검사에 대해 다루겠습니다. 키의 성장과 제일 관련 깊은 부분(뼈의 '골단선'이라고 불리는 부분)을 촬영하면 최종 키를 예측하는 데 중요한 데이터가 됩니다.

❻ 혈액 검사

저희 클리닉에서는 혈액 검사로 많은 수치를 알아보는데, 그중에서도 'ALP'를 중요하게 여깁니다. ALP란, 뼈의 대사를 나타내는 수치로 이것도 최종 키를 예측하는 중요한 지표가 됩니다.

엑스레이 검사와 혈액 검사 수치는 정형외과 등에서 알아봐야 합니다. 하지만 앞의 4가지 항목은 자녀 자신이나 부모님이 확인할 수 있습니다. 알아낼 수 있는 데이터는 가급적 모아두는 것이 좋겠지요.

## 키 크는 데 유전자가 전부는 아니다?!

　이에 반해, 유전자가 모든 것을 정한다는 견해도 있습니다. 유전이 키에 얼마나 영향을 주는지 궁금하신 분도 많으실 겁니다. 유전으로 모든 것이 정해지니 이제 와서 노력해도 소용이 없는 걸까요? 아니면 유전이 전부가 아니니 할 수 있는 일이 다양하게 있는 셈일까요? 거시적인 시점에서 보면, 키의 유전율은 거의 100%입니다.

　'그렇지 않아, 유전적인 키보다 더 커진 사람이 있어', '유전적인 키보다 더 작은 사람이 있어'라고 반론하는 분들도 계시겠지요. 물론, 그러한 사례가 있는 것도 사실입니다. 하지만 일본인이라는 커다란 집단으로 생각해 봤을 때, 일본인의 평균 키는 올해도 내

년에도 내후년에도 거의 같습니다.

이는 확실히 키가 유전되고 있다는 것을 의미합니다. 이렇게 키가 유전되기 때문에 우리는 부모님의 키로 아이의 최종 키를 예측할 수도 있습니다.

그렇다면 부모님의 키로 유전 키(최종 키)를 예측해 도출하는 계산식을 소개해 보겠습니다. 현재 하마마쓰 의과대학 교수인 오가타 쓰토무 선생이 2007년에 발표한 계산식입니다.

**남자의 경우**
유전 키={(아버지의 키+어머니의 키+13)÷2}±9
**여자의 경우**
유전 키={(아버지의 키+어머니의 키−13)÷2}±8

당신의(아이의) 현재 키로 유전 키를 계산해 봅시다. 그것이 부모님의 키로 도출한 최종 키의 예측값입니다. 또한, 남녀의 계산식은 부모님의 키에서 13을 더하고 빼는 차이가 있습니다. 13cm는 일본인 남녀의 평균적인 키 차이입니다. 남성(171cm)-여성(158cm)=13cm가 됩니다. 식에 ±13을 하여 남녀의 차이를 조절합니다.

그리고 남녀 모두 식의 마지막에 ±9와 ±8이라는 숫자

가 더해져 있습니다. 이것이 예상 수치의 변동 폭이 됩니다. 예를 들면 남자의 경우, 아버지가 172cm, 어머니가 157cm라면 (172+157+13)÷2로 유전 키는 171cm가 됩니다. 여자라면 (172+157-13)÷2로 유전 키가 158cm가 됩니다.

어떠신가요? 자신의 유전 키를 계산해 보고 '생각보다 작다'라고 느끼셨거나 '그럭저럭 예상대로였다'라고 생각한 분도 계시겠지요. '목표하는 수치가 나오지 않아 실망했다'는 분도 계실 것입니다. 하지만, 절대로 낙담할 필요는 없습니다. 이 유전 키는 어디까지나 예측값입니다. 게다가, 이 식에는 변동 폭이 있다는 점도 잊지 말아 주십시오.

조금 전부터 다루고 있는 케이스로 말하자면, 변동 폭으로 볼 때 남자라면 162cm~180cm, 여자라면 150cm~166cm라는 수치가 예상됩니다. 162cm와 180cm는 꽤 큰 차이입니다. '변동 폭이 무척 크구나'라고 생각한 분들도 많으시겠지요. 이와 마찬가지로, 여자의 150cm와 166cm도 꽤 큰 차이입니다.

우리의 키는 유전에 크게 영향받지만, 변동 폭도 크다는 것을 꼭 이해해 둡시다. 이러한 점에서 유전이 전부가 아니라고 말해도 괜찮겠지요. 최종 키에서 이렇게 차이가 날 가능성이 있을 때, 어떻게 하면 플러스 방향으로 변동 폭을 가져갈 수 있을까요.

앞으로 이에 대한 방법을 이야기해 보겠습니다.

# 병원에서 '할 수 있는 일은 아무것도 없다'라는 말을 들었다

여기서 성장 곡선에 대해 다뤄보겠습니다. 성장 곡선이란, 0세부터 18세 무렵까지 많은 아이의 키를 측정하여 연령별 평균치를 곡선으로 이은 것입니다. 남자아이용과 여자아이용이 있으며, 각각 그래프로 만들어져 있습니다.

다음에 예시로 남자아이용 성장 곡선을 소개하겠습니다. 선이 몇 개 있는데, 제일 굵은 선이 평균치의 키 곡선입니다.

평균치 곡선의 위아래에 있는 곡선은 평균치와 얼마나 차이가 나는지를 나타냅니다. 평균치보다 위에는 +1.0SD, +2.0SD의 곡선이 있으며, 아래에는 −1.0SD, −2.0SD, −2.5SD와 −3.0SD의 곡

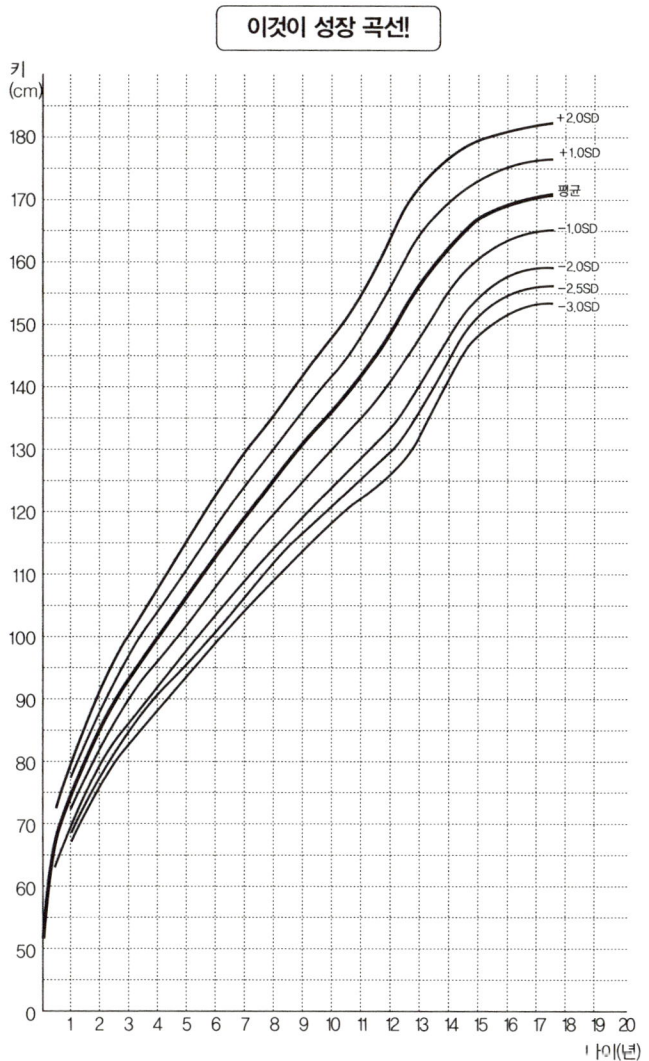

위 그래프는 '남자아이'의 성장 곡선입니다. 하지만 이 그래프로는 자세하게 몇 cm인지 알기 어렵습니다.
※ '일반 사단 법인 일본소아내분비학회, 저자: 가토 히로코, 이소지마 쓰요시, 무라타 미츠노리, 기타: Clin Pediatr Endocrinol 25:71-76, 2016'에서

선이 그려져 있습니다.

SD란 표준편차(Standard Deviation)를 가리킵니다. -2.0SD 이하가 의학적으로 '작은 키'로 간주하며, 일본인 중 약 2%가 이에 해당한다고 합니다.

성장 곡선에 아이의 수치를 그려나가면 그 아이의 성장 특징을 알 수 있다고 합니다. 실제로 성장 곡선을 그려봤을 때 자신의 아이가 평균치보다 키가 작은 경우, 부모로서 걱정이 되겠지요. '이대로 작은 키로 자라는 걸까'라든가, '혹시 성장과 관련된 병이 있을지도 몰라' 등의 생각이 들 것입니다.

그래서 병원에 상담하러 가시는 분들도 계실 것입니다. 하지만, 그 수치가 의학적으로 '작은 키'에 해당하거나 검사에서 작은 키의 원인이 되는 병을 찾은 경우를 제외하면, 보통 병원에서는 아무것도 해주지 않습니다. (작은 키를 유발하는 병에 대해서는 76쪽의 Q&A "의학적인 치료가 필요한 작은 키에는 어떤 유형이 있나요?"를 참고해 주세요.)

즉 평균치보다 키가 조금 작은 추이에 있다면 '병이 아니니 아무것도 할 수 없습니다'라는 말을 들을 뿐입니다. 물론 병원의 말이 잘못됐다는 것은 아닙니다. 하지만, 이렇게 말할 수는 있습니다.

병은 아니지만 키가 작은 건강한 초, 중학생을 위해 할 수 있는 일이 아무것도 없다는 것은 잘못됐습니다. 키가 크기 위해 할 수 있는 일이 있습니다. 그를 위한 실마리라고나 할까요. 키가 크는 데 중요한 보조 수단이 되는 것이 '키 선생님의 성장 시트'(이후, 성장 시트라고 표기, 178쪽 참조)입니다. 이어서 성장 시트에 관해 설명하겠습니다.

# 1cm라도 더 크기 위한 무기, 바로 '성장 시트'!

사실대로 말하자면 아이의 최종 키를 예측할 때, 성장 곡선은 그다지 편리한 도구가 아닙니다. 그래프 곡선이 키가 되는데, 키를 나누는 방법이 너무 대략적이기 때문에 '대체로 이 부근'이라는 것밖에 알 수 없습니다. 스스로 표시한(또는 아이의) 수치와 가까운 SD값의 곡선을 따라가며 자신의 최종 키를 예측해 보는데, '대강 이 정도까지 자랄 것 같다'는 것만 알 수 있지요.

즉 이런 형식의 그래프는 최종 키를 예측할 때 거의 도움이 되지 않습니다. 그래서 저는 이 성장 곡선의 수치를 모두 표로 만들었고 그것이 성장 시트입니다.

이 책에도 권말 부록으로 성장 시트를 첨부했습니다. 남자아이용과 여자아이용이 있고 세로 방향은 나이입니다. 위에서 아래로, 3살부터 18살까지, 3개월 간격으로 나뉘어 있습니다. 가로 방향은 SD값이며 오른쪽으로 갈수록 큰 키가 됩니다. 이 표를 사용해 키에 대해 생각해 보겠습니다.

먼저, 자신의 현재 키를 체크해 봅시다.

나이 항목에서 자신이 해당하는 나이를 찾아봅시다. 이때, 개월까지 체크해 두는 것이 중요합니다. 자신의 현재 나이와 개월을

**예측되는 최종 키는 이렇다**

| | | | | |
|---|---|---|---|---|
| 14세 | 149.9 | 150.8 | (151.6) | 152.5 |
| | 151.3 | 152.2 | 153.0 | 153.9 |
| 14세 6개월 | 152.8 | 153.6 | 154.4 | 155.3 |
| | 154.3 | 155.1 | 155.8 | 156.6 |
| 15세 | 155.8 | 156.5 | 157.3 | 158.0 |
| | 156.5 | 157.3 | 158.0 | 158.8 |
| 15세 6개월 | 157.3 | 158.0 | 158.8 | 159.5 |
| | 158.0 | 158.8 | 159.5 | 160.3 |
| 16세 | 158.8 | 159.5 | 160.3 | 161.0 |
| | 159.0 | 159.8 | 160.5 | 161.3 |
| 16세 6개월 | 159.3 | 160.0 | 160.8 | 161.5 |
| | 159.5 | 160.3 | 161.0 | 161.8 |
| 17세 | 159.8 | 160.5 | (161.3) | 162.0 |
| | 160.0 | 160.8 | 161.5 | 162.3 |
| 17세 6개월 | 160.3 | 161.0 | 161.8 | 162.5 |
| | 160.5 | 161.3 | 162.0 | 162.8 |
| 18세 | 160.8 | 161.5 | 162.3 | 163.0 |

내 키가 여기니까... 그럼 최종 키는?

현재 키의 열에서 제일 밑으로 내려간 수치가 평균적으로 자랐을 때의 최종 키가 됩니다. 예를 들면 14세에 152.5cm인 아이가 평균적으로 키가 자랐을 때, 18세에는 163.0cm가 된다고 예측할 수 있습니다.

찾았다면, 바로 옆으로 시선을 이동해 자신의 키가 있는 부분을 찾아보십시오. 그것이 당신(아이)이 있는 현재 수치입니다.

자, 먼저 여기서 알 수 있는 것이 있습니다. 지금 자신의 키가 있는 부분에서 아래로 내려가 제일 밑에 있는 수치를 봐주십시오. 그것이 당신의 최종 예상 키입니다.

이는 당신의 현재 키가 평균적으로 자랐을 때 예측되는 최종 키입니다.

물론, 이것은 '최종 선고'가 아닙니다. 어디까지나 평균적으로 키가 자랐을 때의 수치입니다. 성장과 함께 수치가 오른쪽으로 이동해 나가면 평균보다 더 자랄 확률이 높으므로 최종 키는 평균 키보다 더 커지게 됩니다. 반대로, 왼쪽으로 이동해 나가면 자랄 확률이 평균보다 낮으며, 결과적으로 최종 키가 평균 최종 키보다 작아집니다.

이러한 키의 성장에 큰 영향을 미치는 요소가 있습니다. 바로 '조숙', '만숙'이라는 요소입니다.

## 사춘기에 키가 커지는 메커니즘은?

조숙, 만숙에 대해 다루기 전에 아이의 성장 메커니즘 자체에 대해 간단하게 해설해 보겠습니다. 아이의 키가 많이 자라는 시기가 2번 있습니다.

첫 번째는 아기 때인 1차 성장 시기이고 두 번째는 2차 성장 시기, 즉 사춘기 때입니다. 아이에서 어른으로 성장해 나가는 데 주력이 되는 것은 뇌하수체에서 분비되는 성장 호르몬입니다. 성장 호르몬이 분비되면 키를 비롯한 몸의 성장이 진행됩니다.

이 밖에도 성장과 관련된 호르몬이 2가지 있는데, 갑상선 호르몬과 성호르몬입니다.

> 초등학생 6학년

같은 학년이라도 '조숙'인지 '만숙'인지에 따라 키 성장에 차이가 발생한다.

사춘기에 접어들면 성호르몬의 분비가 시작됩니다. 뇌하수체에서 성샘자극 호르몬이 나와 남자아이는 정소에서 남성 호르몬이, 여자아이는 난소에서 여성호르몬이 분비됩니다. 성호르몬의 분비가 시작되면 생식기와 유방의 발달 등 어른이 되는 변화가 일어납니다. 이때, 키도 가속도가 붙어 성장합니다.

빨리 사춘기에 접어드는 아이가 있는가 하면, 타이밍이 늦은 아이도 있습니다. 전자가 '조숙', 후자가 '만숙'입니다. 그리고 조숙인지 만숙인지에 따라 키 성장에 커다란 차이가 발생합니다.

사춘기에 접어들어 급격하게 키가 커지면 성장표에서 오른쪽으로 수치가 이동합니다. 이렇게 키가 자라는 것은 성장의 라스트 스퍼트이기도 합니다. 라스트 스퍼트가 빨리 시작해 빨리 끝나는 것이 조숙입니다.

'사춘기 조발증'이라는 질병이 있습니다.
보통 여자아이는 9~11세 무렵, 남자아이는 11~13세 무렵부터 사춘기가 시작되는데, 그보다 2~3년 이상 빨리 시작되는 질병입니다. 이 질병에 걸리면 어린 나이에 급속하게 몸이 성숙해져, 몸집이 작은 상태로 키 성장이 멈춰버립니다. 치료 방법으로는 호르몬 분비를 억제하는 약을 투약해 사춘기 진행을 늦춥니다.

사춘기 조발증인 경우가 전형적이지만, 거기까지 이르지 않아도 이른 시기에 성숙이 시작되는 것은 키가 작아지는 요인이 됩니다. 조숙한 아이는 키 성장의 피크가 지나면 급속히 성장률이 떨어지며, 이번에는 반대로 성장 시트에서 수치가 왼쪽으로 이동하게 됩니다.

한편, 이 라스트 스퍼트가 늦게 시작되고 늦게 끝나는 것이 만숙입니다. 최종 키는 만숙이 더 큰 경향이 있습니다. 그러므로, 자신이(아이가) 어떤 타입인지, 조숙 타입인지 만숙 타입인지 파악해 두는 것이 중요합니다.

　이어서 자신이 조숙한지 만숙한 지에 대해 생각할 때 열쇠가 되는 정보를 짚고 넘어가겠습니다.

# 키 크는 신호, 키가 멈추는 신호는 무엇일까?

사춘기는 아이에서 어른으로 변해가는 이행기입니다. 이때 남녀 모두 몸의 변화가 일어나는데, 그중에서도 다음과 같은 증상이 사춘기의 시작 기준이 됩니다.

**여자아이의 사춘기 시작 기준**
- 가슴이 커진다

**남자아이의 사춘기 시작 기준**
- 음모가 나기 시작한다

여자아이는 대다수의 경우 10~11세부터 가슴이 커지기 시작한다고 알려져 있고 남자아이의 경우, 정소 용량이 일정량 이상으로 커지는 것이 의학상 사춘기의 시작 지표로 여겨집니다. 하지만 이는 의사가 아니라면 판단할 수 없으니 스스로 확인할 수 있는 음모로 판단해도 좋겠지요.

남자아이의 음모가 나기 시작하는 것은 평균 12세 0개월~10개월경이라고 합니다. 이것이 키가 많이 자라기 시작하는 사인입니다. 이미 사춘기 증상이 나타난 사람은 자신이 언제부터 가슴이 커졌는지, 음모가 나기 시작했는지를 확인해 봅시다. 그 나이를 알아냈다면 조숙, 만숙의 기준이 여기에 있습니다.

### 여자의 경우

- 9세 0개월이 되기 전에 가슴이 커지기 시작했다→조숙
- 12세 이후에 가슴이 커지기 시작했다→만숙

### 남자의 경우

- 11세 6개월 이전에 음모가 나기 시작했다→조숙
- 13세 이후에 음모가 나기 시작했다→만숙

자신의 나이와 대조해 보면 조숙인지 만숙인지 아니면 그사이의 평균적인 타입인지를 알 수 있을 것입니다. 키가 멈추는 사인에 대해서도 다뤄보겠습니다.

### 여자아이의 키가 멈추는 사인은?

- 초경

### 남자아이의 키가 멈추는 사인은?

- 수염(턱 밑)이 자란다

여자아이의 경우, 사춘기의 증상 중에 초경이 있으며 생리가 시작되면 키 성장에 급제동이 걸립니다. 뒤에서 자세히 설명하겠지만 키 성장은 뼈의 성장과 같습니다. 뼈 각각의 끝에 골단선이라는 부분이 있는데, 그곳이 자라는 것입니다.

하지만, 초경이 시작되면 단번에 골단선의 성장이 멈추어(이것을 '골단선이 닫힌다'라고 합니다) 키가 자라기 어려워집니다. 여자아이의 경우, 키가 성장하는 시기가 남자아이보다 이르며, 끝나는 시기도 빨리 찾아옵니다. 그래서 14세 무렵에 최종 키가 거의 결정됩니다. 이는 여성호르몬인 에스트로겐에 골단선을 닫는 강력한 작용이 있기 때문입니다.

여자아이는 평균적으로 11세 무렵에 키 성장률의 피크가 찾아오며, 피크가 지나면 급속히 성장률이 떨어지고 15~16세에 최종 키가 됩니다.

남자아이도 성장기가 되면 몸에 다른 변화가 일어나는데 그중

하나가 변성이며 또 하나가 수염이 나는 것입니다.

목의 성대가 성숙하면 목소리가 낮아집니다. 변성은 성장이 피크를 맞이하는 사인이라고 볼 수 있습니다. 또한, 남성 호르몬이 증가해 수염도 짙어집니다. 이와 거의 동시에 골단선이 닫히는 작용이 강해지므로 수염이 나기 시작하면 키 성장이 후반전에 접어들었다는 이야기가 됩니다.

다만, 수염은 평가하기가 어려운데, 솜털 같은 것을 수염이라고 봐야 할지, 좀 더 짙어진 수염을 기준으로 봐야 할지 그 뉘앙스가 개인에 따라 다르기 때문입니다. 제일 알기 쉬운 것이 턱 밑에 나기 시작하는 수염입니다. 이는 키 성장이 멈추는 사인이라고 볼 수 있습니다. 어쨌든 턱수염 이외에는 애매한 부분이 많기 때문에 수염만으로 판단하지 말고 엑스레이나 채혈 등을 활용해 평가하는 편이 좋습니다.

남자의 경우, 11세 무렵부터 급격하게 키가 크기 시작해 13세 무렵에 피크를 맞이하고 17, 18세 전후에 최종 키에 도달합니다.

조숙한 사람 또는 만숙한 사람의 경우에는 평균에서 각각 ±1년 전후로, 초조숙, 초만숙이라면 ±2년 전후로 기간이 어긋나게 됩니다. 자신의 나이(아이의 나이)와 사춘기 증상이 언제쯤 시작되었는지 또는 아직 시작되지는 않았는지 체크해 봅시다. 그러면 자신이 사춘기의 어느 시기에 있는지, 조숙한지 만숙하였는지도 추측할 수 있을 것입니다.

이어서, 조숙, 만숙이라는 요소가 키에 어떤 영향을 미치는지 생각해 보겠습니다.

# 조숙과 만숙의 성장은
# 무엇이 다를까?

　혹시 과거의 키를 알고 있다면 성장 시트에 과거의 키도 그려 넣어 보십시오. 과거의 키를 시트 위에 체크하고 그들을 연결한 라인을 살펴봅시다. 그러면 여러 가지 사실을 새롭게 알 수 있습니다.

　기본적으로 성장 시트에서 오른쪽으로 이동한다는 것은 최종 키가 커진다는 의미입니다. 다만, 최종적으로 모든 케이스에서 키가 커지는 것은 아니니 주의해야 합니다. 남자아이의 경우, 성장 시트에서 키가 클 거라고 예상되는 특징적인 수치의 이동은 아래와 같습니다.

①10살 미만에 오른쪽으로 이동했을 때
②14살 이후(사춘기 후반)에 오른쪽으로 이동하고 있을 때

이 두 가지 케이스에서 키가 커진다고 예상할 수 있습니다. 하지만, 이 중간에 있는 시기에 성장 시트가 오른쪽으로 이동하는 케이스는 예외입니다. 즉 10세~12세 정도인 사춘기가 막 시작될 시기에 오른쪽으로 수치가 크게 이동하는 남자아이는 조숙한 경향이 강하며, 나중에 왼쪽으로 되돌아갈 가능성이 있습니다. (키가 작은 채로 멈출 가능성이 있음)

여자아이도 마찬가지로, 8세 미만이라면 오른쪽으로 가면 갈수록 좋다고 생각합니다. 하지만, 8~10세 사이에 오른쪽으로 크게 이동하면 조숙할 수 있으며, 이후 수치가 왼쪽으로 이동하는 (키가 작아지는) 경향이 있으니 주의해야 합니다.
예를 들면, 조숙한 아이 시트의 예시는 다음과 같은 느낌입니다.

처음에는 오른쪽으로 이동한 키가 피크가 지난 뒤 왼쪽으로 이동해 갑니다. 조숙한 아이의 특징이며, 단기간에 오른쪽으로 이동한 수치가 피크 이후에는 역시 단기간에 급속하게 왼쪽으로 이동하는 경향이 있습니다. 그 결과, 최종 키가 작아지는 것입니다.

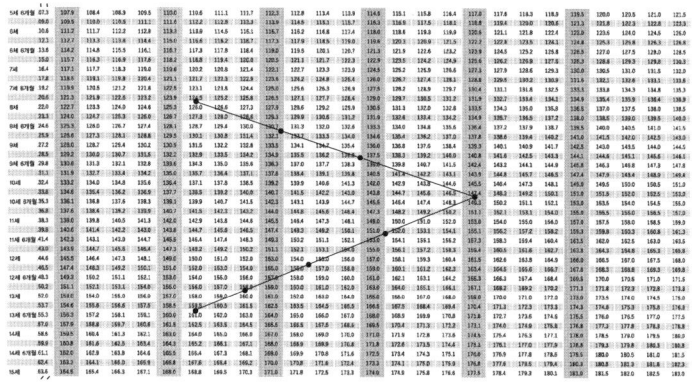

성장 방식
그래프 확대
이미지

처음에는 수치가 오른쪽으로 이동했으나, 피크가 지나자 왼쪽으로 이동한다.

만숙한 아이의 성장 시트를 살펴봅시다.

오른쪽으로 크게 이동하고 있습니다. 이렇게 많이 성장해 나가는 시기가 몇 살인지가 중요합니다. 시기에 따라서는 왼쪽으로 되돌아갈 가능성도 있기 때문입니다. 이 경우에는 15세 6개월입니다. 즉 14세 이후에 오른쪽으로 크게 이동하고 있으니 틀림없는 만숙 타입이라고 여겨집니다. 그렇다면, 이대로 유지되거나 더 성장해서 최종 키가 커질 가능성이 있습니다.

이 외에도 과거부터의 키를 나열해 봤을 때, 거의 일직선상으

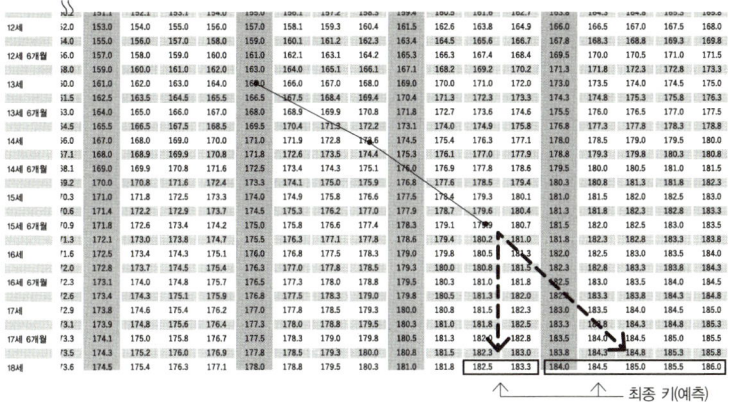

오른쪽으로 이동하지만, 성장 방식에 따라 아래로 쭉 내려가거나 오른쪽 아래로 내려간다.

로 내려가는 케이스도 있습니다. 평균적으로 성장하고 있는 셈인데, 이러면 이후에도 비슷하게 성장하리라 예측해 볼 수 있으니 최종 키도 시트의 맨 아래 숫자에 가까워질 거라고 예상됩니다.

이렇게 성장 시트를 활용해 자신의 대략적인 최종 키를 예측해 보는 것도 가능합니다. 저는 유튜브에서 여러분께 받은 데이터를 바탕으로 계속 최종 키를 예측해 왔습니다. (관심 있는 분들은 유튜브 채널을 꼭 체크해 보십시오.)

이어서, 최종 키를 예측할 때 매우 중요한 두 가지 포인트에 관해 이야기해 보겠습니다.

# 키가 자라는 것은 뼈가 자라는 것이었다!

키가 자란다는 것은 어떤 것일까요? 다시 한번 그 원리를 이야기해 보겠습니다. 먼저, 골단선에 관해 설명하겠습니다.

골단선은 성장기 아이의 뼈끝에 있습니다. 새로운 뼈조직을 만들어 뼈를 성장시키는 중요한 역할을 하는 부분이자 연골 성분을 포함한 조직을 가리킵니다.

성장기 아이의 뼈끝에서는 흰 뼈의 끝부분에 검은 선이 들어간 부분을 볼 수 있습니다. 엑스레이에서는 연골이 하얗게 비치지 않고 검은 선상으로 보입니다. 이것이 골단선입니다. 인체에는 전부 206개의 뼈가 있다고 알려져 있는데, 이 뼈들에 골단선이 있다고 봐도 좋겠지요.

성장기 아이들의 뼈에서는 새로운 뼈를 만드는 골아세포가 활발하게 활동합니다. 영양소를 점점 흡수하면서 뼈의 대사가 진행되고 새로운 뼈가 만들어집니다.

이 새로운 뼈를 만들어 내는 현장이 골단선입니다. 여기서 뼈의 대사가 반복되면서 연골 세포가 자라나고, 그 결과 키가 커집니다. 이것이 키의 성장 원리입니다.

그리고 뼈 성장이 끝나면 골단선으로 보였던 검은 부분의 선상이 뼈에서 사라집니다. 이것을 '골단선이 닫힌다'라고 표현합니다. 남녀 공통으로 성장이 멈추는 사인 중 하나가 이 골단선이 닫히는 것입니다. 뼈가 성장하고 있기 때문에 골단선이 보이는 것이

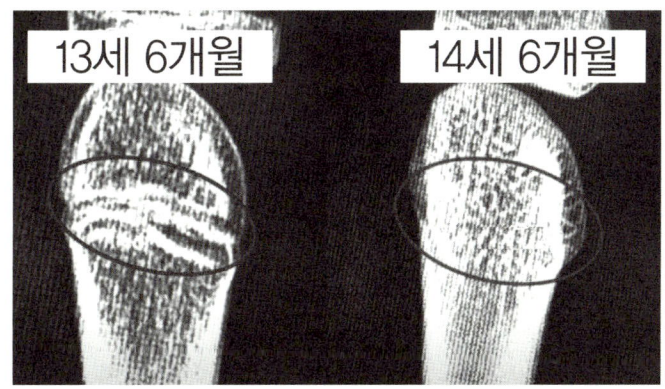

13세 6개월(왼쪽)에 있던 골단선이
1년 후인 14세 6개월(오른쪽)에는 사라진 상태다.

며, 성장이 끝물에 접어들면 점점 골단선이 닫혀갑니다.

바꿔 말하면, 골단선이 열려 있는 상태라면 아직 키가 클 가능성이 있다는 이야기입니다.

한편, 골단선이 닫히기 시작하면 키 성장이 끝에 가까워진 셈이지요. 모든 뼈의 골단선이 닫혀버리면 더 이상 키가 크지 않습니다.

저희는 보통 왼손 뼈의 엑스레이를 촬영하여 그 아이의 골단선 상태를 확인합니다. 골단선은 기본적으로 손가락 끝부터 닫힙니다. 골단선이 얼마나 닫혀있는지, 왼손 뼈 하나하나를 엑스레이 이미지로 체크해 봅니다. 나이를 먹으면 닫혀있는 부분이 늘어나니, 그 비율로 뼈 나이를 판단합니다. 또한, 골단선은 엑스레이 같은 이미지로만 볼 수 있습니다. 확인하려면 전문 의료 기관에서 진료받아야 합니다.

이처럼 골단선의 이미지를 확인하여 뼈 나이를 판단하고 성장의 진행 상태나 키가 멈추는 타이밍을 파악할 수 있습니다.

그리고 또 한 가지, 더 정밀하게 키를 예측할 때 빼놓을 수 없는 지표가 있습니다. 바로 ALP 측정치로 이어서 설명하겠습니다.

# '앞으로 키가 얼마나 클까'는 ALP로 정해진다

ALP란, 'Alkaline Phosphatase'의 약자로, 간에서 만들어지는 효소 중 하나이며 그 수치를 뼈의 대사 지표로 간주할 수 있습니다.

혈액 검사로는 다양한 수치를 알 수 있는데, 키 성장에 대해 알아볼 때 혈액 속에 방출된 ALP의 양은 제일 중요한 값이라고 할 수 있습니다. 왜냐하면 ALP의 측정치를 알면 앞으로 얼마나 키가 자랄지 꽤 정밀하게 예측할 수 있기 때문입니다.

성장기에 접어들면 뼈의 대사가 활발해지면서(즉 골단선의 연골 세포가 성장해 키가 커짐) ALP의 측정치가 대폭 상승합니다. 일단 500 정도까지 상승하며, 피크를 맞이한 이후에는 수치가 줄

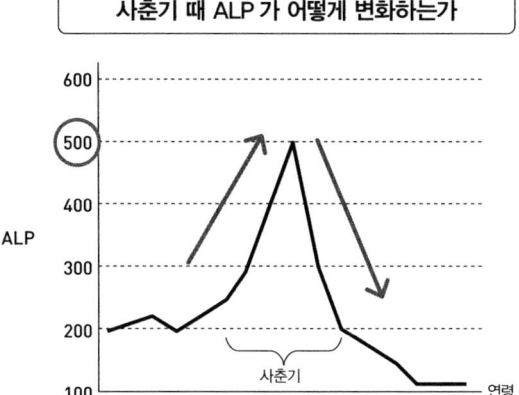

일단 상승한 ALP는 피크가 지나면 급속히 줄어든다

어듭니다. 이 수치에 따라 이후의 키 성장을 예측할 수 있습니다.

다만, 사춘기가 시작되기 전의 아이들은 이에 해당하지 않습니다. 사춘기의 끝에 다다르고 2차 성징기의 후반을 맞이한 아이들에게는 ALP 값이 매우 유효합니다.

그리고 일본에서는 이전부터 ALP 수치에 JSCC법(JSCC: 일본임상화학회)을 사용하고 있지만, 2021년 4월부터는 세계 기준인 IFCC법(IFCC: 국제임상화학연합)을 사용하고 있습니다.

이 책의 수치도 새로운 기준을 적용하고 있습니다.

ALP의 측정치가 350 이상일 경우, 최종 키가 앞으로 3cm 이상 커질 가능성이 있습니다.

어쩌면 5~8cm 더 클 가능성도 있습니다. ALP는 일단 500까지 수치가 상승한 뒤, 피크를 찍고 내려갑니다. 즉 수치가 산을 오르고 있는 도중인 350이라면 앞으로 키가 클 거라고 예상해 더 큰 키를 상정할 수 있는 것입니다.

하지만, 피크를 지나 하강 중인 상태의 350이라면 약 3cm라는 숫자에 정착하게 됩니다. ALP가 175를 넘으면 키가 1~2cm 정도 클 것입니다. 운이 좋으면 3cm 정도 자라겠지요. 그리고 ALP가 113 이하라면 어른과 같은 수치이며, 더는 성장하지 않습니다. 그때가 최종 키가 됩니다. 정리해 보면 이런 식입니다.

- ALP 350 이상→ +3cm 이상
- ALP 175 이상→ +1~2cm 이상
- ALP 113 이하→ 거의 자라지 않음

사춘기가 끝물인 남자아이와 여자아이에게 자신이 앞으로 몇 cm나 자랄지는 절실한 문제입니다. ALP 수치를 알면 앞으로 얼마나 성장할지도 예측할 수 있습니다.

## ALP의 피크는 조숙, 만숙과 밀접하게 관련되어 있다

여기서 독일의 대학 병원이 2017년에 발표한 한 가지 연구를 살펴봅시다. 약 12만 명의 환자들이 제출한 36만 개의 혈액 표본을 조사하여 ALP가 피크인 시기를 알아보았습니다. 그러자, 남녀의 그래프가 다음과 같았습니다.

ALP는 일단 출생 후 20일 동안 상승하며 피크가 됩니다. 피크를 맞이한 뒤, 초등학교 저학년 때쯤에 안정기에 들어갑니다. 그리고 10대에 접어들면 수치가 상승하기 시작합니다.

이 연구 데이터에 따르면, 여자아이는 10~12세 정도에 피크에 도달한다는 것을 알 수 있습니다. 한편, 남자아이는 13~15세에

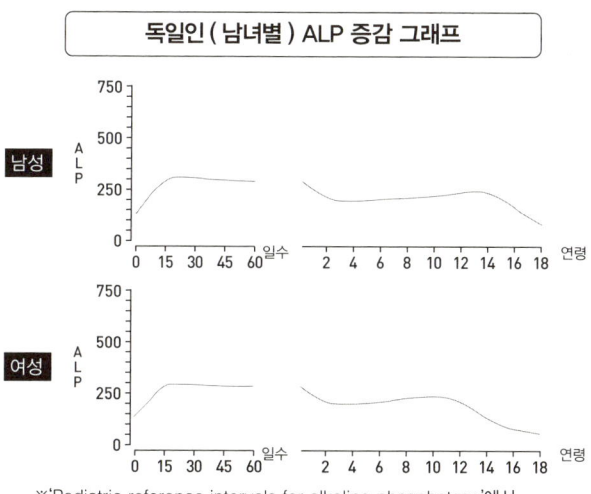

※'Pediatric reference intervals for alkaline phosphatase'에서

피크가 된다고 합니다.

즉 성장기에 발생하는 ALP 측정치의 피크는 남녀에 차이가 있으며, 남자아이의 피크가 늦게 온다는 이야기입니다. 그리고 이것이 최종 키에 영향을 줍니다. 여자아이가 조숙하고 사춘기가 빨리 찾아와 결과적으로 키도 작아집니다.

여자아이는 '일찍 여성스러워진다'라는 이야기를 들어본 적이 있으시겠지요. 실제로 이는 맞는 말이며, 키에도 해당합니다. 여성스러워지는 것은 사춘기의 시작이 빠른 것이므로 키 성장도 빨리 멈춥니다. 이는 ALP 수치로도 알 수 있습니다.

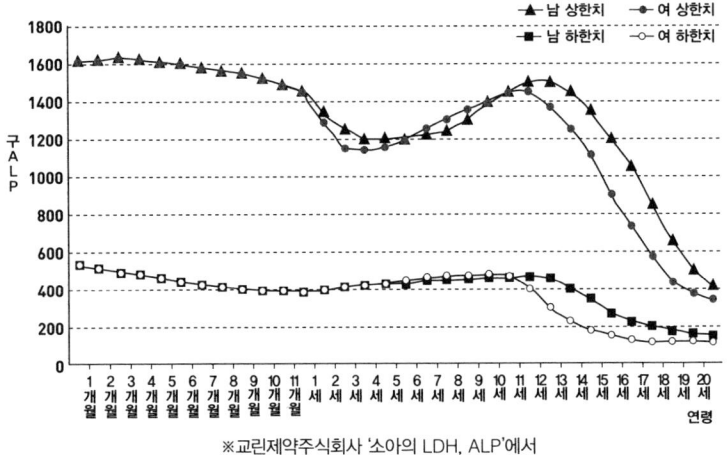

※교린제약주식회사 '소아의 LDH, ALP'에서

여기서, 일본인의 데이터도 살펴봅시다. (위 그래프를 참조) 2008년의 일본소아과학회 잡지에 게재된 데이터입니다.

옛날 ALP 수치이긴 하지만, 모두 남자아이가 10~13세, 여자아이가 10세에 피크를 맞이합니다. 앞에서 소개한 독일 그래프와 비교해 보면 흥미롭습니다. 독일의 경우, 여자가 10~12세 정도에 피크에 도달하는 데 반해 일본은 10세가 피크로, 피크에 도달하는 시기가 더 빠릅니다. 남녀 모두 독일은 13~15세 때 피크에 도달하는 것에 반해 일본은 10~13세 정도에 일찍 피크가 찾아옵니다.

독일의 평균 키는 남성 180cm, 여성 170cm라고 합니다. 일본인의 평균 키보다 꽤 큽니다. 이러한 키 차이는 지금 보여드린 ALP의 차이로 발생한 것일지도 모릅니다. 독일이 성숙의 피크가 더 늦게 찾아오기 때문에(만숙화) 키가 커진다는 이야기입니다. 이렇게 비교해 본 이유는, 키가 크기 위한 방향성을 명확히 하기 위함입니다. ALP의 피크를 뒤로 미루고 조숙화를 늦추면 키가 커질 가능성이 커집니다. 이에 중요한 지표가 골단선과 ALP의 관계입니다.

## 중요한 골단선과 ALP의 관계는 '시간X속도'다

여기서, 아이의 키가 멈추는 신호에 대해 정리해 보겠습니다.

### 키가 멈추는 신호

- 골단선이 닫힌다
- ALP 수치
- 턱수염이 난다(남자만)
- 초경(여자만)

이 중에 특히 다뤄보고 싶은 것이 골단선과 ALP의 관계입니다. 저는 종종 '골단선과 ALP의 관계'를 거리=속도X시간이라고 비유합니다.

'지금 차를 타고 달리고 있다고 칩시다. 앞으로 몇km나 달릴 수 있을까요?'라고 물었을 때, 그 차가 달리는 속도에 달리는 시간을 곱한 것이 앞으로의 주행 거리가 됩니다. 이 질문과 '앞으로 몇 cm 자랄까요?'라는 질문은 꽤 비슷합니다.

ALP는 속도에 해당합니다. 최고 속도에 도달한 뒤에 액셀을 밟지 않으면 차는 일정 비율로 속도가 줄어들게 됩니다. 여러분의 ALP 수치도 비슷한 느낌으로 감속(하강)합니다.

골단선의 정보는 시간에 해당합니다. 키 성장이 멈출 때까지의 제한 시간을 나타냅니다. 여기서, 남은 시간 동안 어디까지 거리를 늘릴 수 있을지가 관건입니다. 왜냐하면 이것이 키의 성장과 같기 때문입니다.

'남은 시간(골단선)은 적지만, 속도(ALP)는 빠른' 아이도 있는가 하면, '속도(ALP)는 그리 빠르지 않지만 아직 남은 시간(골단선)이 있는' 아이도 있겠지요. 저희는 이러한 ALP 수치와 골단선의 정보, 더 나아가 조숙화 정도 등 많은 요인을 알아보고 이들을 단서로 삼아 아이 각각에 맞는 키 성장 방법을 찾아냅니다.

# 생활을 바꾸면 키가 자랄 수 있는 시대

다음 그래프를 살펴봐 주십시오.

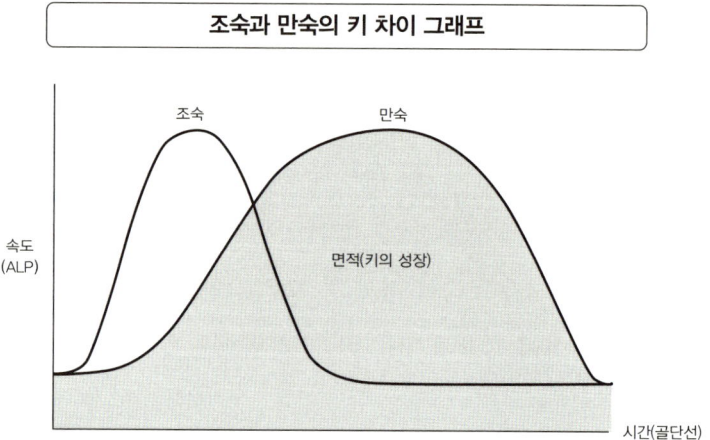

산의 면적을 넓히면 키 성장으로 이어진다

세로축이 ALP, 가로축이 골단선이 닫힐 때까지의 시간입니다. 왼쪽은 조숙한 아이, 오른쪽은 만숙한 아이의 전형적인 라인입니다. 조숙한 아이는 일찌감치 ALP가 급격히 상승하며 피크가 발생한 이후 확 떨어집니다. 이에 반해, 만숙한 아이는 ALP가 느리고 완만하게 상승하기 시작하며 큰 산을 그린 뒤 천천히 떨어집니다. 각각의 산이 그리는 '면적'(ALP×골단선=키의 성장) 중에 어느 쪽이 넓은지 명확히 알 수 있습니다.

저는 키가 크고 싶다면 이처럼 키 성장을 면적(바꿔 말하자면 적분치)으로 생각해 보시라고 제안합니다. 가급적 이 산의 면적을 넓혔으면 좋겠습니다. 그러면 최종 키보다 크게 성장할 것입니다. 그러니 다음 과제는 이 면적을 넓히기 위해 우리가 할 수 있는 일

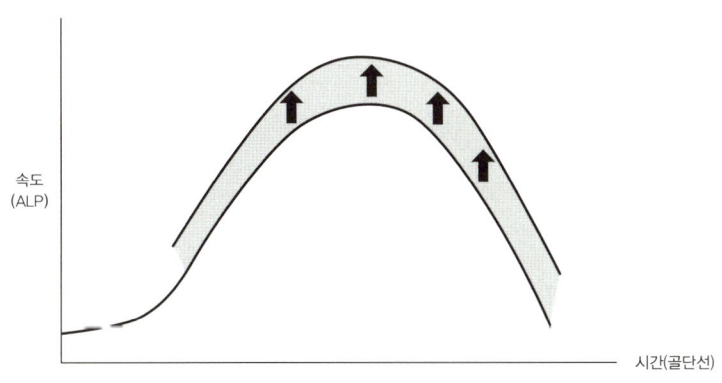

뼈가 생성되면 그래프가 위로 올라가며, 결과적으로 키가 자란다

이 되겠지요.

지금까지의 이야기 흐름으로 보면, 성장의 피크를 늦출 수 없을까, 골단선이 닫히는 시기를 늦출 수 있을까 등을 생각해 보게 됩니다. 또한, ALP의 피크 수치를 좀 더 높일 수 없을까도 중요한 과제가 됩니다.

ALP는 성장 중인 골단선의 연골 세포 대사 수치입니다. 즉 점점 뼈가 생성되면 ALP도 상승하며 그래프 자체도 위로 올라가게 됩니다. 그래프를 보면 알 수 있듯이, 라인이 위로 올라가면 그래프 산의 면적도 넓어질 것입니다. 이는 키 성장으로 직결됩니다.

## 뼈의 대사를 높이기 위해 뭘 하면 좋을까

구체적으로 어떻게 해야 좋을지 말해보겠습니다. 이에 대해서도 방향성은 명확합니다.

골단선에서 뼈가 생성되는 과정을 정리해 보겠습니다. 성장기 때는 뇌하수체에서 성장 호르몬이 많이 분비됩니다. 성장 호르몬은 간에 작용하며, 소마토메딘C(IGF-1)라는 호르몬을 분비하게 만듭니다. 소마토메딘C는, 성장 호르몬과 함께 골단선에 작용해 새로운 뼈를 생성하도록 촉진합니다. 이때는 뼈의 재료가 되는 영양이 잔뜩 필요합니다. 다시 말하면, 키가 더 크려면 뼈가 성장하는 데 충분한 영양을 공급하는 것이 중요합니다.

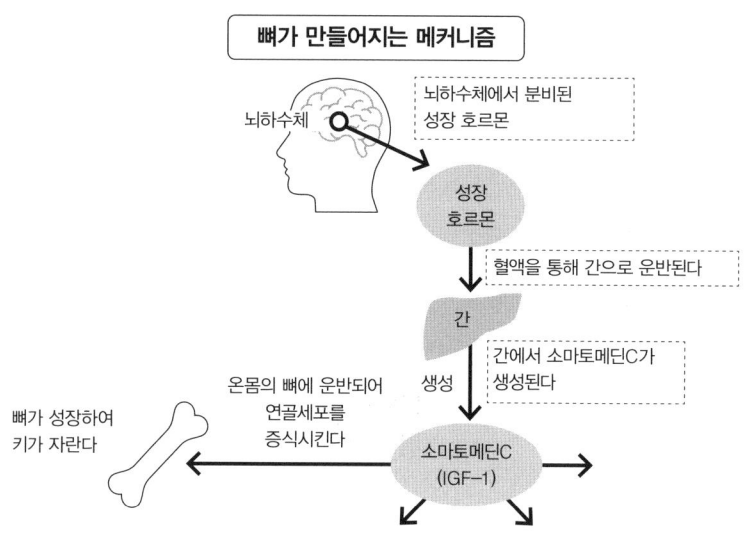

　즉 포인트는 충분한 성장 호르몬의 분비와 뼈에 필요한 영양의 충분한 공급, 두 가지입니다. 이 두 가지 조건이 갖춰지면 골단선의 대사가 촉진되어 ALP 수치가 상승하게 됩니다. 저희는 이러한 관점에 근거해 식사에 대해 조언하거나 생활 습관을 지도하고, 필요하면 투약 등의 의료적 조치까지 취하면서 생활에 개입해, 키 성장을 목표로 하고 있습니다.

　이것이 저희의 새로운 성장 이론입니다. 이 책에서도 이 성장 이론에 근거하여 여러분이 생활 속에서 실천할 수 있는 일을 제안하고자 합니다.

## 키가 크는 3가지 포인트란?

여기까지 읽으신 분들은 이 책을 읽기 전과 달리, 분명 알게 된 내용들이 있을 겁니다. 예를 들면,

- 자신의 목표 키
- 자신의 유전 키(부모님의 키로 본)
- 성장 시트로 보는, 평균적으로 성장했을 경우의 최종 키
- 자신이 조숙 타입인지 만숙 타입인지, 아니면 평균 타입인지

이들을 바탕으로 목표 키까지 크기 위해 뭘 하면 좋을지 생각해 봅시다. 예를 들면, 현시점에서 평균적으로 성장했을 때의 최종

키가 자신의 목표 키보다 작을 경우, 키가 크기 위해 노력을 하며 좀 더 힘을 내야 합니다. 자신이 조숙 타입이라고 예상될 때는 대책을 확실히 마련해야만 합니다. 그렇다면 어떤 노력을 하면 될까요.

2장부터 평소 생활 속에서 실천하면 좋은 노력에 관해 이야기해 보겠습니다. 키가 크기 위해 일상생활에서 개선해야 할 점으로는 3가지가 있습니다.

### 키가 크는 3대 포인트
① 식사
② 수면
③ 운동

아이의 성장에서 수면은 큰 역할을 담당합니다. 성장 호르몬이 제일 많이 분비될 때가 잠잘 때이기 때문입니다. 또한, 운동은 성장 호르몬의 분비를 촉진한다고 알려져 있습니다. 수면과 성장 호르몬의 관계는 3장에서, 운동과 성장 호르몬의 관계는 4장에서 각각 참고가 되는 데이터 등도 소개하면서 알기 쉽게 해설해 보겠습니다. 그리고 조숙화가 진행되지 않기 위해 생활 속에서 주의해야 할 점 등도 더불어 이야기해 보겠습니다.

## Q&A

**Q&A** "골단선이 닫히면 키는 전혀 크지 않은 건가요?"

그것은 골단선이 얼마나 닫혀있는지에 따라 다릅니다. 왜냐하면 골단선은 몸속의 뼈에 존재하고 있으며, 각 골단선이 닫히는 타이밍은 다르기 때문입니다. 각각 미묘하게 다른 시기에 닫힙니다. 어디는 골단선이 닫히고 있지만, 다른 곳은 아직 닫히지 않았을지도 모른다는 이야기입니다.

예를 들면 16세의 남자아이의 경우, 대부분의 골단선이 닫힙니다. 하지만 손 엑스레이 사진을 통해 골단선이 닫히고 있다는 말을 들은 뒤에도 평균 2cm 정도 키가 자랍니다. 다만, 온몸의 골단선이 닫힌 상황이라면 성장할 가능성은 제로인 셈입니다.

**Q&A** "사춘기 때 변성기가 언제 왔는지 잘 모르겠습니다. 뭔가 기준이 있나요?"

클리닉에 오시는 분들과 면담하며 깨달은 사실인데, 특히 부모님이 아이의 사춘기 시작 시기를 놓치는 경우가 꽤 있습니다. 어머님이 '우리 아이는 아직'이라고 말씀하셔서 옆에 있는 본인에게

물어봤더니 변성기 특유의 목소리로 대답하는 게 아니겠습니까? "사춘기가 이미 시작되었습니다!"라는 제 대답에 어머님이 놀란 사례도 있었습니다.

참고로 변성기의 기준은 목소리가 낮아지는 시기가 아닌, '목소리가 쉬기 시작하는 시기'입니다. 또한, 음모에 대해서도 '솜털이 나기 시작했을 때'라고 생각해 주십시오. 애초에 사춘기 증상은 판단이 어려우니, 어디까지나 '대략적인 기준'으로 생각해 주셔도 괜찮습니다.

### Q&A "변성기가 늦어 아이도 어른도 걱정하고 있습니다. 하지만 만숙한 건 키에 좋지요?"

맞습니다. 사춘기가 되어 사춘기 증상이 빨리 나타나는 아이도 있는가 하면, 늦게 나타나는 아이도 있습니다. 사춘기 증상이 늦어져 고민하는 아이가 많은 것도 사실입니다. 어려 보이는 점이나 변성기가 좀처럼 시작되지 않는 점, 자신만 가슴이 커지지 않고 초경이 시작되지 않는 점 등 고민의 종류는 헤아릴 수 없습니다. 하지만, 이 책에서 이야기한 대로 만숙은 키가 크게 자랄 가능성이 있으니 걱정할 필요는 없습니다.

아이가 사춘기 증상이 늦어져 걱정하고 있다면, '사춘기가 늦어지니 키가 더 클 거야', '대학생이 될 무렵에는 멋있어질 거야'

등의 말들로 격려해 주십시오.

한편, 사춘기 증상이 빨리 나타난 아이는 키 성장이 일찍 멈출 우려가 있으니 키가 크고 싶다면 증상을 빨리 파악하여 대책을 세워야 합니다.

### Q&A "부모님의 조숙, 만숙이 아이에게 유전되나요?"

유전될 가능성이 높습니다. 부모님 모두 조숙하다면 아이도 조숙한 타입, 부모님 모두 만숙하다면 아이도 만숙할 타입일 확률이 높겠지요.

어려운 것은, 부모님 중에 한쪽은 만숙한데 또 다른 한쪽은 조숙한 타입일 때입니다. 이 경우, 만숙해질 가능성도 있지만 조숙해질 가능성도 있습니다. 만숙도 아니고 조숙도 아닌 평균 타입일 수도 있겠지요.

만약, 이에 대해 알고 싶으시다면 어머니, 아버지가 각각 성장기 때 어떻게 키가 자랐는지 물어보십시오. 그리고 자신의 성장 시트에 있는 키의 움직임과 비교해 보면 자신이 누구와 닮았는지 알 수 있을지도 모릅니다. 다만, 만숙이든 조숙이든 평균 타입이든, 어떤 타입이라도 본인이 키가 크려는 노력을 의식적으로 계속해 나가는 것이 제일 중요합니다.

### Q&A "의학적인 치료가 필요한 작은 키에는 어떤 유형이 있나요?"

작은 키로 의학적인 치료가 필요한 사례 중, 주요한 병에 대해 이야기해 보겠습니다.

□ **성장 호르몬 분비부전성 저신장증**

성장을 촉진하는 성장 호르몬의 분비량이 적어 키가 작은 병입니다. 성장 호르몬을 분비하는 하수체가 장애를 입은 케이스 등이 있으며, 성장 호르몬의 분비가 줄어들어 키 성장이 저하됩니다. 이 경우, 성장 호르몬을 투여하여 키 성장을 돕습니다.

□ **터너 증후군**

염색체 이상으로 키가 작은 것으로, 여자 2000명 중 한 명꼴로 볼 수 있습니다. 태어난 시점부터 키가 조금 작으며, 그 후 서서히 작은 키가 눈에 띕니다. 성장 호르몬 치료를 하며, 난소 발육에 문제가 있는 케이스에는 여성호르몬 치료를 시행합니다.

□ **SGA성 저신장증**

임신 중에 표준적인 키와 체중까지 자라지 못한 아이를 'SGA아'라고 합니다. 대다수의 경우, 3살 정도까지 표준적인 수치를 따라잡지만 3살이 되어도 키가 자라지 않고 작은 경우가 있으며, 이를 SGA성 저신장증이라고 합니다. 키가 작아 성장 호르몬 치료를 하기도 합니다.

□ **누난 증후군**

유전자 문제 때문에 키가 작으며, 일본에서는 1만 명 중 1명 정도의 비율로 볼 수 있습니다. 남자아이, 여자아이 모두 발생합니다. 작은 키뿐만 아니라 심장병도 발생하기 쉬운 특징이 있습니다. 작은 키에 대해서는 성장 호르몬 치료를 실시합니다.

□ **연골 무형성증, 연골저형성증**

유전자의 변화로 연골 증식이 방해받아 키가 자라지 않습니다. 이뿐만 아니라, 손가락과 발가락이 짧거나 머리가 조금 큰 경향도 있습니다. 키가 크기 위해 성장 호르몬 치료를 실시하는 케이스와 정형외과에서 뼈 연장술을 하는 케이스가 있습니다. 소아청소년과 등에서 검사한 결과, 이러한 병이 발견됐다면 각각의 병에 대한 치료를 가능한 한 빨리 시작해야 합니다.

이밖에 병이라고 할 수 없는 작은 키도 있습니다. 이들은 '특발성 저신장' 또는 '체질성 저신장'이라고 합니다. 말하자면, 원인 불명의 작은 키입니다. 또한, '가족성 저신장'이라는 카테고리도 있습니다. 이는 가족 유전의 영향으로 키가 작은 케이스입니다. 이러한 원인 불명의 케이스와 가족성 저신장의 케이스는 꼭 이 책에서 제안하는 방법을 도전해 보셨으면 좋겠습니다.

# 2장

## 우선, 식사로 키를 늘린다

## 1번째 방법
# 최근 100년간 일본인의 평균 키가 커진 이유

일본인 남성의 평균 키는 170cm 정도라고 알려져 있습니다. 전쟁 직후와 비교해 봐도 평균 키가 크게 자랐습니다. 더 시간을 거슬러 올라 에도시대와 비교해 보면, 일본인의 평균 키는 십수 cm나 자랐습니다. 키가 이렇게 커진 데는 어떤 이유가 있을지 생각해 보겠습니다.

### 일본인의 평균 키가 커진 3가지 이유

**①영양 상태의 개선**

일본인의 평균 키가 자란 이유 중 하나로 영양 상태의 개선을 꼽을 수 있습니다. 에도시대 전기에서 후기동안 서민의 평균 키는 남성이 155~156cm, 여성이 143~145cm라고 합니다. 당시에는 사회 계층에 따라 식사의 질과 양에 격차가 있었으며, 부유층은 영양가가 높은 식사를 할 수 있었지만, 대다수의 일반 가정에서는 검소한 식사를 했습니다. 채소와 생선, 해조류 등이 주요 식재료였으며, 불교의 영향으로 애초에 육식을 피하는 경향이 있었습니다. 이러한 이유로 영양 상태가 꽤 나빴다고 합니다.

또한, 에도시대에는 에도 4대 기근이라고 불리는 사건이 있었던 것처럼, 기근이 빈번히 발생해 영양 부족에 빠지는 일이 많았습니다. 냉해, 가뭄, 수해 등의 이상 기후와 해충의 이상 발생 등으로 흉작이 몇 번이나 발생해, 식량난으로 힘들었습니다. 이렇게 보면 에도시대는 키가 크기 매우 어려운 시대라고 말해도 좋겠지요.

에도시대가 끝나고, 메이지 시대에 접어들자 근대화가 진행돼 영양 균형이 잡힌 식사가 일반화되었습니다. 이로써 성장기 아이들의 영양 상태도 향상되었고, 평균 키가 커졌다고 합니다.

②의료의 진보와 건강 관리

일본인의 평균 키가 커진 이유 중 2번째로 꼽히는 것이 의료의 진보와 건강 관리입니다. 메이지 이후, 서구 의료가 도입되어 의료

기술이 급속히 발전했으며 예방 의학과 건강 관리가 진전되었습니다. 예방 접종과 감염병 대책이 보급됨에 따라 유소년 시기의 병으로 인한 성장 방해가 줄어든 점도 평균 키가 커지는 데 공헌했다고 할 수 있습니다.

**③위생 상태의 개선과 생활 습관의 변화**

일본인의 평균 키가 늘어난 이유 중 3번째로 여겨지는 것이 위생 상태의 개선과 생활 습관의 변화입니다. 위생 설비의 정비와 주택 환경의 개선으로 감염병 위험이 줄어들었습니다. 또한, 근대화와 함께 생활 습관도 변했는데 신체 활동량의 증가와 스포츠의 보급으로 건강한 생활 습관이 확산하여 평균 키가 커졌다고 할 수 있습니다.

에도시대까지 거슬러 올라가 살펴본 이유는, 이러한 내용에 여러분의 키가 커지는 방법이 제시되어 있기 때문입니다. 영양 상태의 개선, 건강 상태의 유지, 신체 활동량의 증가와 생활 환경의 긍정적인 변화. 이는 에도시대 때부터 현대까지 우리의 키가 10cm 커진 포인트입니다. 그와 동시에 여러분이 앞으로 키가 크기 위해 숙지해 두면 좋은 내용이기도 합니다.

### 2번째 방법
## 키가 크는 데 제일 중요한 영양소는 단백질

먼저 논문 하나를 소개하겠습니다. 체코 대학 그래스그루버 선생이 작성한 논문으로, 유럽, 아시아, 북아프리카, 오세아니아 등 105개국에서 남성의 키와 식사와의 상관관계를 조사했습니다.

다음 그래프를 살펴봅시다. 오른쪽 위에 미국과 네덜란드가 있으며 정중앙에 일본, 왼쪽 아래에 태국과 캄보디아가 있습니다. 세로축이 단백질 섭취량, 가로축이 키입니다. 그래프를 살펴보면, 단백질의 총섭취량과 키는 매우 관계가 깊은 것을 알 수 있습니다.

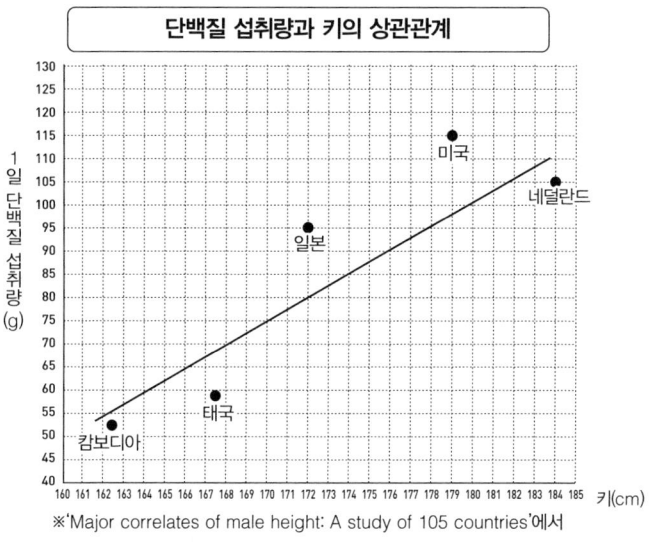

※'Major correlates of male height: A study of 105 countries'에서

구체적으로 살펴보면,

- 미국: 115g(179cm)
- 네덜란드: 105g(184cm)
- 일본: 95g(172cm)
- 태국: 58g(167.5cm)
- 캄보디아: 53g(162.5cm)

캄보디아의 단백질 섭취량이 53g인 것에 반해, 미국은 115g 으로 2배 이상의 섭취량을 기록하고 있습니다. 그리고 미국과 캄

보디아의 키 차이는 15cm 이상이며, 매우 많이 차이 납니다. 단백질 섭취량에서 미국, 네덜란드와 태국, 캄보디아의 중간에 위치한 일본은, 키 역시 두 그룹의 중간에 있습니다. 이것도 단백질 섭취량과 키와의 확실한 관련성을 나타낸다고 해도 좋겠지요.

바꿔 말하자면, 단백질 섭취량의 차이가 말 그대로 키 차이로 직결된 것 같은 데이터입니다. 실제로 이 논문에서도 아시아 국가들의 작은 키는 단백질 섭취량으로 설명할 수 있을지도 모른다고 언급하고 있습니다.

이어서 또 한 가지, 같은 논문에서 다음 그래프를 살펴봅시다.

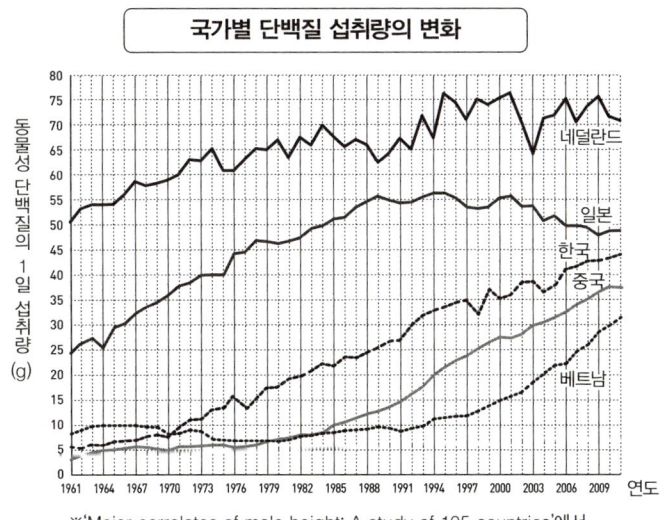

※ 'Major correlates of male height: A study of 105 countries'에서

나라별로 전쟁 이후, 단백질 섭취량의 변화를 나타낸 그래프입니다.

네덜란드를 제외하면 일본, 중국, 한국, 베트남으로 아시아 국가들이 언급되어 있습니다. 세로축이 '동물성 단백질의 섭취량', 가로축이 '연도'가 됩니다. 1961년부터 2009년까지의 데이터입니다.

일본은 1961년에 약 25g밖에 되지 않았던 단백질 섭취량이 2000년에는 약 55g까지 증가했다는 것을 알 수 있습니다. 1950년의 일본인 평균 키는 남성이 161.5cm, 여성이 150.8cm였습니다. 하지만 1996년에는 남성이 170.9cm, 여성이 158.1cm에 도달했습니다. 전후 약 50년 동안, 남성이 약 10cm, 여성이 약 8cm 자란 셈이 됩니다. 이는 영양 상태의 개선으로 가능했습니다. 특히 단백질 섭취량의 증가가 열쇠를 쥐고 있다고 생각됩니다.

이 데이터로도 키가 크려면 단백질을 제대로 섭취하는 것이 중요하다는 사실을 알 수 있습니다.

**3번째 방법**

# 영양소의 중요도를 이해하고 먹자

여기서 먼저, 키가 크기 위해 챙겨 먹으면 좋은 다섯 가지 중요 영양소를 꼽아보겠습니다.

**키 성장에 중요한 다섯 가지 영양소**

- 단백질
- 철
- 아연
- 비타민D
- 칼슘

먼저 단백질, 칼슘과 키의 관계에 대해 다뤄보겠습니다. 옛날부터 일본에서는 '키가 크려면 우유를 마시고 칼슘을 섭취하는 게 좋다'라고 알려져 왔습니다. 다섯 가지 영양소에도 있는 것처럼 칼슘 섭취는 중요합니다.

하지만, '뼈를 늘린다=키가 커진다'라는 점에서는 사실 칼슘보다 단백질이 더 중요합니다. 엄밀히 말하자면 칼슘은 뼈를 탄탄하게 만들어 골밀도를 높이는 데 도움을 주는 미네랄입니다. 한편, 단백질은 뼈를 성장시키는(뼈를 세로 방향으로 늘리는, 즉 키가 크는) 데 필요한 영양소입니다.

1장에서도 키가 크는 것은 골단선에 있는 골단 연골이 성장하는 것이라고 이야기했습니다.

뇌하수체에서 분비된 성장 호르몬이 간에 작용하여 소마토메딘C라는 호르몬을 분비합니다. 성장 호르몬과 이 소마토메딘C라는 호르몬이 골단선에 작용하면 골단선에 있는 연골 세포의 성장이 촉진됩니다. 이 연골 세포의 성장에 반드시 필요한 것이 단백질입니다. 단백질이 연골 세포의 원료가 되기 때문입니다. 단백질은 근육과 혈액을 만드는 데 쓰일 뿐만 아니라, 뼈 성장에도 큰 역할을 합니다. 그러므로, 키가 크려면 충분한 단백질을 섭취해야 합니다. 극단적으로 단백질이 부족할 경우, 키가 작아질 우려도 있습니다.

지금까지 살펴본 논문에서도 키와 단백질 섭취량 사이에는 밀접한 관계가 있다고 나타났습니다. 키가 크려면 적극적으로 단백질을 섭취하기를 권합니다. 다만, 뼈 성장을 위해 단백질과 칼슘만 섭취해선 안 됩니다. 영양이 균형 잡힌 다양한 식재료와 음식을 먹는 것은 기본 중의 기본입니다. 그 뒤에 단백질 등의 중요한 영양소를 적극적으로 섭취하기를 권장합니다.

그중에서도 리스트에 언급한 철과 아연, 비타민D는 뼈와 칼슘의 대사에 관여해 키를 늘리고 뼈 건강을 유지하는 데 중요한 작용을 하는 비타민이며 미네랄입니다. 이들도 꼭 잊지 말고 섭취해 주십시오. 이들에 대해서도 다음 방법에서 자세히 설명하겠습니다.

### 4번째 방법
# 단백질은 주식의 2배로 섭취하는 것을 기준으로 삼자

키가 크는 데 단백질 섭취가 중요하다는 것이 명확해졌습니다. 그럼, 단백질이라면 뭐든지 괜찮을까요? 단백질에도 다양한 종류가 있습니다. 고기나 달걀 같은 동물성 단백질 외에, 식물성 단백질도 있습니다. 밀이나 쌀에도 단백질이 포함되어 있습니다.

결론부터 말하자면, 빈약한 단백질을 함유한 저단백 식품보다, 뛰어난 단백질을 함유한 고단백 식품을 섭취하는 것이 좋습니다.

2번째 방법에서 소개한 그래스그루버 선생의 같은 논문에서 또 한 가지 그래프를 다뤄보겠습니다.

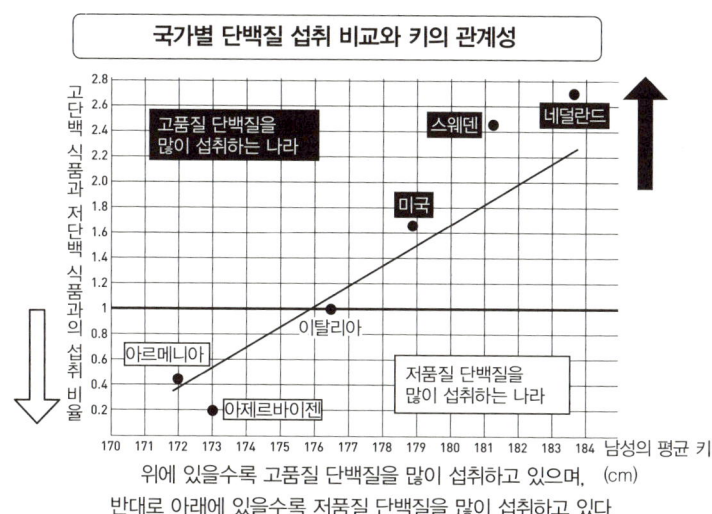

※'The role of nutrition and genetics as key determinants of the positive height trend'에서

　가로축이 남성의 평균 키입니다. 세로축이 고단백 식품과 저단백 식품의 비율을 나타내고 있습니다. 저단백 식품과 고단백 식품의 섭취 비율이 1:1인 포인트가 이탈리아입니다. 저단백 식품에 비해 고단백 식품의 비율이 늘어나면 키도 커지는 관계를 확인할 수 있습니다.

　미국, 스웨덴, 네덜란드 순으로 오른쪽 위로 그래프가 올라가는(키가 커지는) 것을 알 수 있습니다. 이 순서로 고단백 식품의 섭취 비율이 높아집니다. 또한, 아르메니아, 아제르바이잔과 같은 국가들은 저단백 식품을 많이 먹으며, 키도 작습니다.

고단백 식품은 고기와 생선, 달걀, 유제품(그 나라에서 주된 반찬으로 먹는 음식)입니다. 한편, 저단백 식품은 밀가루 제품과 빵과 파스타(그 국가에서 주식으로 먹는 음식)로 생각해 볼 수 있습니다. 즉 세로축은 주식과 주된 반찬의 비율이라고 볼 수 있습니다. 주식(저단백 식품)에 대한 주된 반찬(고단백 식품)의 비율과 키의 관계를 지금 언급한 국가들을 통해 알기 쉽게 다음의 표로 나타내 보았습니다.

고단백 식품의 비율과 키의 관계

| 국가 | 고단백 식품의 비율(평균 키) |
|---|---|
| 네덜란드 | 2.65배(184cm) |
| 스웨덴 | 2.45배(181.4cm) |
| 미국 | 1.65배(179cm) |
| 이탈리아 | 1.0배(176.5cm) |
| 아르메니아 | 0.45배(172cm) |
| 아제르바이잔 | 0.2배(172cm) |

네덜란드는 고단백 식품을 저단백 식품의 2.65배 먹고 있으며, 키가 매우 큽니다. 이러한 데이터를 바탕으로, 키가 크기 위한 식사를 할 때는 미국의 1.65배(179cm)와 네덜란드의 2.65배(184cm)의 중간 정도를 목표로 하는 것이 좋을 것 같습니다. 즉

밀가루 주식(저단백 식품)에 양이 2배 정도인 주된 반찬(고단백 식품)을 목표량으로 섭취했으면 합니다.

이러한 견해에 근거하여 저는 2플레이트 이론도 제안합니다. 주식을 1그릇(1플레이트) 먹고 주된 반찬(고단백 식품)을 2그릇(2배 양) 먹자는 이론입니다.

예를 들면, 식빵(6매입 중 1장)으로는 5.3g의 단백질을 섭취할 수 있는데, 고단백 식품 반찬으로 햄에그(햄 2장, 달걀 1개로 10.2g)와 요거트(200g으로 7.2g)를 섭취하면 저단백 식품과 고단백 식품의 비율이 3배가 됩니다. 이는 네덜란드의 2.65배라는 비율에 가까운 숫자입니다. 이처럼, 주식의 몇 배가 되는 고단백 반찬을 섭취하면 질 좋은 단백질을 제대로 섭취할 수 있습니다.

물론, 섭취해야 할 식재료에 함유된 단백질량을 하나하나 체크해 1일 단백질의 총섭취량을 제대로 계산하는 편이 좋습니다. 하지만 매일 그럴 수 있을까요? 아무래도 어려울 겁니다.

키가 크기 위한 노력은 무엇보다도 지속 가능한 것이 중요합니다. 지속해야 비로소 힘이 됩니다. 그러니, 주식 1그릇에 고단백 반찬 2그릇이라는 대략적인 기준으로 생각해도 좋습니다. 이런 식이라면 하나하나 계산하지 않아도 되며, 분명 지속하기도 수월할 것입니다.

### 5번째 방법

# 달걀을 하루에
# 2개씩 먹으면?

달걀은 고단백 식품의 대표 음식이라고 할 수 있습니다. 달걀 1개(약 50g)에는 6.1g의 단백질이 함유되어 있습니다. 키가 크는 데 꼭 필요한 영양소인 단백질은 20종류의 아미노산으로 만들어 지는데, 이 중에 인간이 체내에서 합성할 수 없어 식사로 섭취해야만 하는 아미노산이 9종류 있습니다. 이것이 필수 아미노산입니다.

달걀에는 이 9종류의 아미노산이 모두 함유되어 있습니다. 어떤 식재료에 포함된 필수 아미노산이 필요한 양을 충족하고 있는지를 나타내는 지표가 아미노산 스코어인데, 달걀의 아미노산 스코어는 100입니다. 심지어 달걀은 '완전 영양식'이라고 불리듯이

단백질 이외에도 비타민과 칼슘, 철 등 우리 건강을 유지하는 데 필요한 영양소를 풍부하게 함유하고 있습니다.

달걀은 꼭 먹어두면 좋은 고단백 음식 중 하나인데, 여기서 하루에 달걀을 얼마나 먹으면 좋은지 검토해 보겠습니다.

달걀과 키 성장에 관한 논문을 소개하겠습니다. 우간다의 초등학교에서 시행된 2017년의 연구로, 달걀이 아이들의 성장에 얼마나 영향을 미치는지를 조사한 논문입니다. 우간다의 농촌 초등학교에 다니는 6~9세의 학생 241명이 이 연구에 협력했습니다.

이 초등학교에서는 일주일에 5일 동안 학교 급식이 제공되는데, 급식을 먹을 때 241명의 학생을 달걀 0개 그룹과 달걀 1개 그룹, 달걀 2개 그룹으로 달걀을 먹는 개수에 따라 3개의 그룹으

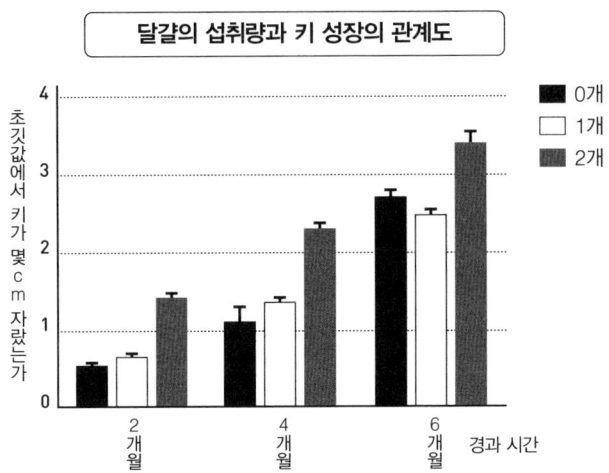

※'The effect of egg supplementation on growth parameters in children participating in a school feeding program in rural Uganda: a pilot study'에서

로 나누었습니다. 그리고 이 급식을 6개월 동안 지속했습니다. 그리고 그 결과, 성장에 어떠한 영향을 끼쳤는지를 조사했습니다.

그러자 달걀을 먹지 않은 학생들보다 달걀을 2개 먹은 학생들의 키가 더 자랐다는 결과가 나왔습니다. 그래프를 봐주십시오.

가로축이 경과 시간, 세로축이 초깃값에서 키가 몇cm 자랐는지를 나타냅니다. 제일 오른쪽에 있는 6개월을 살펴보면, 달걀 2개를 먹은 학생들은 반년 동안 3cm 이상 키가 자랐습니다. 한편, 달걀을 먹지 않은 학생들은 3cm에 미치지 않는 정도로 키가 자랐습니다.

이 데이터는 달걀 2개를 계속 먹으면 키가 자라는 경향이 있다는 것을 나타냅니다. 달걀은 여러 가지 방법으로 먹을 수 있으며 조리 방법도 다양합니다. 예를 들면, 삶은 달걀은 간편하게 야식이나 간식으로 먹을 수 있어 매우 요긴한 식재료입니다. 하루에 2개 정도라면 무리 없이 먹을 수 있을 것입니다. 단백질을 제대로 섭취하고 싶은 아이를 위해 달걀을 잘 활용해 보길 바랍니다.

**6번째 방법**

# 하루 3잔의 우유로 키가 커진다

우유에 대해서는 결론이 명확합니다. 마시고 설사하지 않는다면 매일 드십시오.

우유와 성장의 관계를 조사한 연구를 소개하겠습니다. 미국의 5000여 명의 건강한 여자아이(9~11세)를 대상으로 우유가 성장기에 미치는 영향을 조사한 연구입니다. 다음에 나오는 그래프를 살펴봐 주십시오.

가로축이 나이, 세로축이 키입니다. 위에 있는 키 성장이 좋은 곡선이 우유를 하루에 3잔씩 마시는 여자아이의 곡선입니다. 아래에 있는 곡선은 우유를 1잔 미만으로 마신 여자아이입니다. 결

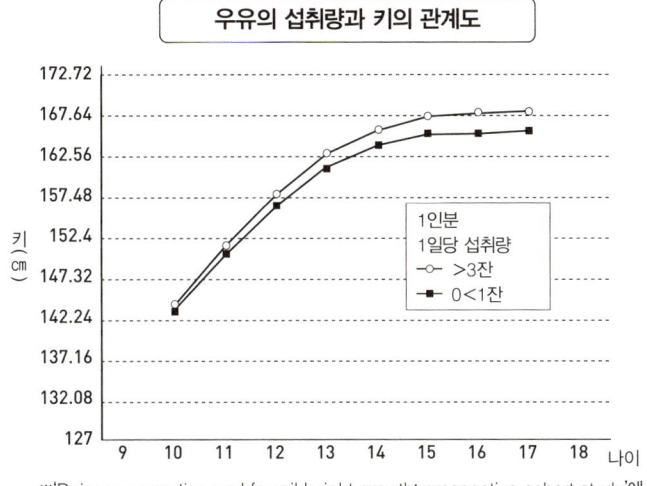

※'Dairy consumption and femail height growth: prospective cohort study'에서

과적으로, 우유를 1잔 미만으로 마신 여자아이에 비해 3잔 마신 여자아이가 약 1인치(약2.5cm) 키가 더 성장해 차이가 생겼다고 보고되어 있습니다.

 이러한 데이터로도 우유는 마시는 게 좋다는 것을 알 수 있는데, 여기에는 '다만'이라는 조건이 붙습니다.

 우유에는 유당불내증 문제가 있기 때문입니다. 우유를 마셨을 때, 제대로 몸에 흡수할 수 있는 능력이 있는 사람과 없는 사람이 있습니다. 우유에 함유된 유당을 분해하는 효소를 갖고 있지 않거나 그 작용이 약한 사람이 있습니다. 그런 사람들은 우유를 마시면 설사하거나 복부 팽만감을 호소하기도 합니다. 이것이 유당불내증입니다.

유당불내증인 사람은 우유를 마셔도 그 성분을 잘 섭취할 수 없기 때문에 키 성장으로 이어지지 않을 가능성이 큽니다. 한편, 유당에 내성이 있는 사람은 분명 영양을 제대로 흡수할 수 있을 테니 우유를 자주 마셔도 좋습니다.

또한, 유당불내증인 사람들이 세계에 얼마나 분포되어 있는지 알기 위해 아래의 지도를 살펴봐 주십시오.

유당불내증의 세계 분포 지도

색이 짙은 지역이 유당불내증 인구가 80~100%를 차지하는 곳입니다. 우유를 별로 마시지 않는 지역이지요. 대다수의 아시아와 아프리카 일부가 이에 해당합니다. 일본과 동남아시아도 여기에 포함됩니다.

한편, 옅은 색의 나라들이 우유를 많이 마시는 지역입니다. 미국과 스웨덴, 네덜란드 등이 옅은 색의 지역입니다. 일본인 중에 유당불내증인 사람이 얼마나 있는지에 대해서는 다양한 데이터가 있는데, 70%의 확률이기도 하고 더 높기도 합니다.

다만, 동양인 모두가 유당불내증인 것은 아닙니다. 마셔보고 설사를 하지 않거나 복부 팽만감이 없는 사람이라면 우유를 키 성장에 이용할 수 있다는 이야기입니다. 우유를 마셔도 괜찮다면 자주 마시도록 합시다.

마시면 설사를 하는 사람은 무리할 필요가 없습니다. 대신에, 우유 이외에 단백질을 섭취하도록 신경 쓰는 게 좋겠습니다. 또한 우유는, 칼슘 보급 수단으로도 우수하며 1컵의 우유(200ml)로 약 220g의 칼슘을 보충할 수 있으니 우유를 마셔도 문제가 없는 분들은 적극적으로 드셨으면 좋겠습니다.

다만, 유지방분의 문제도 있으니 비만 경향이 있는 아이들은 저지방 우유를 선택하기를 추천합니다.

**7번째 방법**

# 성장에 필수인 철은 헴철로 섭취하자

철은 성장에 필요한 미네랄입니다. 어째서 철이 중요한지에 대해 생각해 봅시다.

몸속에 존재하는 철 중에 70%가 근육과 혈액 속에 있습니다. 혈액은 혈구와 혈장으로 나뉘는데, 이 혈구의 96%를 차지하는 것이 헤모글로빈입니다. 헤모글로빈은 철과 단백질이 결합한 것입니다. 철이 부족하면 적혈구 속의 헤모글로빈 농도가 낮아지며, 빈혈이 발생하거나 성장에 지장이 생길 수 있습니다.

아래는 WHO가 공표한 헤모글로빈 농도의 기준치입니다.

**헤모글로빈 농도의 기준치(g/dl)**

- 5세 미만: 11
- 12세 미만: 11.5
- 15세 미만: 12
- 성인: 13

이처럼 단계적으로 바뀝니다. 이는 성장하면서 헤모글로빈이 더 많이 필요해진다는 의미입니다. 즉 성장기에는 헤모글로빈의 원료가 되는 철이 더 많이 필요하다는 이야기가 됩니다. 그렇다면 이러한 철이 부족해지면 어떻게 될까요?

한 가지 논문을 살펴봅시다. 중동 국가인 카타르에서의 연구입니다. 철 결핍성 빈혈인 아이들(17개월 정도라고 하니 나이는 1살 반 정도) 40명을 대상으로 하였습니다. 이 아이들을 건강한 40명의 아이와 비교했을 때, 철 결핍성 빈혈인 아이들은 건강한 아이들에 비해 애초에 키가 작았다고 지적하고 있습니다.

표준편차(SD)로는 −1.2SD 정도에 있습니다. −1.2SD는 어른이 됐을 때 대략 6cm 정도로 차이가 나타나니, 꽤 격차가 있다는 것을 알 수 있습니다.

영양 상태와 키에 차이가 있던 아이들에게 철을 제대로 보충해 준 뒤, 6개월 후에 경과를 조사했습니다. 이 논문에서는 아이들의 성장 속도를 나타내는 '연간 성장률(Growth velocity: 약칭 GV)'이라는 지표가 사용되었습니다.

빈혈이 없는 아이들의 연간 성장률이 원래 9.7cm인 것에 비해, 철 결핍성 빈혈인 아이들은 7.5cm였습니다. 처음부터 연간 성장률에 2cm 정도의 차이가 있다는 얘기가 됩니다. 하지만, 6개월 동안 제대로 철을 보충해 빈혈 상태를 개선했더니 연간 성장률이 13.2cm까지 개선됐다고 보고되어 있습니다.

13.2cm와 7.5cm를 비교해 보면 1.76배나 됩니다. 결핍 상태일 때 철을 보충했더니 키가 커진 것입니다. 철이 아이의 키 성장에 매우 큰 인자라는 것을 나타내는 데이터라고 해도 좋겠지요.

물론, 대상이 된 것이 꽤 어린아이들이며, 국가도 다르고 인종도 다르다는 점을 잊어서는 안 됩니다. 하지만 어쨌든, 철이 결핍된 상태일 때 이를 보충해 주면 키가 커질 가능성이 있다는 것은 잘 알 수 있습니다.

그렇다면 철은 식사 중에 어떤 식으로 섭취하는 것이 좋을까요? 여기서 여러분이 헴철과 비헴철의 차이를 알아두셨으면 좋겠습니다. 구체적으로 말하자면, 육류=헴철 그 외=비헴철로 분류됩니다.

**철을 많이 포함한 식품**

- 헴철이 많은 재료: 돼지 간(13mg), 소 넓적다리 살(2.8mg) 가다랑어 (1.9mg), 바지락(8.3mg) 등
- 비헴철이 많은 재료: 시금치(2mg), 소송채(2.8mg), 톳(6.2mg), 콩 (2.2mg), 유부(3.2mg) 등

괄호 안은 100mg 중 철 함유량입니다. 대략 나누어서 말해보자면, 헴철은 동물성 식품, 비헴철은 식물성 식품에 많이 함유되어 있습니다. 이 둘이 큰 차이는 흡수율입니다. 헴철이 약 20% 정도인 것에 반해, 비헴철은 2~5%밖에 흡수되지 않습니다. 그러므로 철을 섭취한다면 헴철을 추천합니다.

헴철은 간이나 소고기 등의 동물성 단백질에 많이 함유되어 있으니, 동물성 고단백 식품을 섭취하면 양질의 단백질도 섭취할 수 있는 데다가 철도 섭취하기 쉬워집니다. 또한, 흡수가 나쁜 비헴철도 비타민C와 함께 섭취하면 흡수가 좋아진다고 알려져 있습니다.

### 8번째 방법
# 아연 부족은 성장 호르몬을 저하시킨다

아연은 200종류 이상의 효소 반응을 활성화하는 일과 호르몬의 합성 등에 관여하며 우리의 건강을 유지하는 데 다양한 작용을 하고 있습니다. 키 성장과 매우 관련이 깊은 미네랄이지요. 아연이 결핍되면 성장 장애 즉 키 성장이 나빠지며 저신장증이 될 우려가 있다고 합니다.

아연이 결핍된 아이들에게 아연을 보충하면 키가 커진다는 태국의 논문을 소개하겠습니다.

이 연구에는 평균 연령 8.9세의 아이들 140명이 참가했습니다. 또한, 연구 대상이 된 지역은 아연 결핍증이 유행하는 지역이었습니다. 연구에서는 플라시보 효과를 위해 위약을 먹은 아이들과 아연 영양제를 먹은 아이들로 2그룹을 나누었습니다.

참고로 연구 시작 전, 두 그룹의 평균 키에는 차이가 없었습니다. 6개월에 걸쳐 이 두 그룹에 각각의 약을 먹게 하였습니다. 6개월 후, 위약을 먹은 아이들과 아연 영양제를 먹은 아이들의 키를 비교해 어느 그룹의 키가 더 커졌는지를 검증했습니다. 과연 아연이 효과가 있었는지를 알아본 것입니다. 결과는 아래와 같습니다.

- 위약 그룹: 평균+4.7cm
- 아연 영양제 그룹: 평균+5.6cm

아연 영양제를 먹은 그룹이 위약을 먹은 그룹보다 키가 약 1cm 더 컸다는 결과가 나왔습니다. 반년 만에 1cm는 꽤 큰 차이입니다. 확실히 차이가 생겼다는 것을 알 수 있습니다.

정리해 보면, 아연 영양제를 먹은 태국 아이들의 키가 커졌다는 이야기입니다. 연구를 진행한 지역이 태국이며 연구 대상자들이 아연이 결핍된 상태였다는 점 역시 강조해 두어야겠지요.

일본임상영양학회의 '아연 결핍증의 진단지표 2018'을 살펴보면, 아연 결핍으로 인한 저신장증에 대해 아연 보충을 실시한 연구 논문이 소개되어 있습니다. 이 연구 데이터에 따르면, 태국의 연구와 마찬가지로 아연 결핍으로 키 성장이 나빠졌을 때 아연을 보충하면 키가 커진다는 내용이 나타나 있습니다. 아연이 결핍된 상태라면 섭취하는 게 기본적으로 바람직하다는 것을 2018년의 아연 결핍증의 진료 지표로 알 수 있습니다.

동양인이 아연이 부족한지에 대해서는 결핍된 경향이 있다는 지표도 있는가 하면, 같은 진료 지침에 있는 아연 섭취량 및 권장량 데이터에서는 아연이 충분하다는 내용을 읽을 수 있습니다. 그러므로 영양제로 섭취하기보다는 식사를 통해 의식적으로 섭취하도록 신경 쓰는 정도면 좋다고 생각합니다. 사실 아연은 과잉 섭취하면 오히려 부작용이 발생하기 쉬우니 주의가 필요한 미네랄이기도 합니다.

급성 아연중독에 걸리면 위 장애, 현기증, 구토감 등이 발생합니다. 계속 과잉 섭취하면 구리 결핍이나 철 결핍 문제가 발생하는 경우도 있습니다. 이러한 리스크가 있으니 아연을 영양제나 먹는 약으로 보충할 때는 반드시 의사의 감독하에 채혈한 후에 관리하면서 먹기를 추천합니다.

아연을 많이 함유한 식재료로는, 굴(14.0mg), 돼지 간

(6.9mg), 소고기 등심(5.6mg), 캐슈너트(5.4mg), 아몬드(3.6mg), 낫토(1.9mg), 가공 치즈(3.2mg), 참깨(5.5mg) 등이 있습니다. 괄호 안은 100gm 중 아연 함유량입니다. 또한, 참깨도 다양한 요리에 뿌려 먹을 수 있으며 활용하면 맛있어집니다. 일반적으론 건강에 좋은 식재료라고 알려져 있으니, 많이 활용해 보면 좋겠지요.

### 9번째 방법

## 칼슘 흡수를 돕는 비타민D란?

비타민D에 대해서는 주의점 먼저 말씀드리겠습니다. 비타민을 크게 나누면 수용성 비타민과 지용성 비타민 2종류가 있습니다.

수용성 비타민은 물에 녹는 비타민을 뜻하며 대표적으로 여러분도 잘 알고 계신 비타민C를 들 수 있습니다. 수용성 비타민은 소변과 함께 배출되니 많이 먹어도 문제가 되지 않습니다. 비교적 안전한 비타민이라고 할 수 있습니다.

한편 비타민D, 비타민E, 비타민K, 비타민A는 지용성으로, 소변으로 배출되지 않습니다.

만약 과잉 섭취한 경우, 체내에 축적되어 다양한 장애를 일으

킬 가능성이 있습니다. 그러므로 과하게 섭취해서는 안 되는 비타민입니다. 비타민D도 그중 하나인데, 영양제를 구매해 대량으로 섭취해서는 절대로 안 됩니다.

처음에 부정적인 점만을 다뤘으니 긍정적인 점도 꼽아보겠습니다. 특히 뼈 성장의 관점에서 비타민D의 작용에 관해 말해보겠습니다.

- 칼슘 흡수를 촉진한다
- 뼈 형성을 촉진한다
- 소아의 체질로 인한 O자 다리가 개선됐다는 데이터도 있다

비타민D는 뼈의 재료가 되는 칼슘의 흡수를 도우며 만약 칼슘이 부족한 경우에는 소변 속 칼슘을 재흡수하도록 작용합니다. 또한, 뼈에 칼슘이 침착되는 것을 촉진해 뼈 형성을 돕고, 튼튼한 뼈를 유지하는 데 도움을 줍니다.

뼈 건강에 필요한 영양소라고 하면 많은 분이 칼슘을 떠올리실 텐데, 비타민D가 작용해야만 칼슘도 유효하게 활용되는 것입니다. 비타민D를 너무 적게 섭취하는 사람은 뼈가 연약해지거나 가늘어지고, 부러지기 쉬워집니다. 이 질환은 소아의 경우에는 '구루병', 어

른의 경우에는 '골연화증'이라고 불립니다. 또한, 새로운 연구에 따르면 O자 다리를 가진 유아(4세)에게 비타민D를 1년간 투여한 후 경과를 관찰했더니 O자 다리가 개선됐다는 보고도 있습니다.

비타민D를 많이 함유한 식품으로는 목이버섯과 말린 표고버섯 등의 버섯류와 내장까지 먹을 수 있는 생선류, 열빙어나 말린 치어 등이 있으며 연어도 추천할 수 있습니다.

또한, 비타민D는 햇볕을 쐬면 생성된다고도 알려져 있습니다. 그 기준이 여름에는 나무 그늘에서 30분 정도, 겨울에는 1시간 정도라고 합니다. 더불어 키가 크는 방법으로 운동을 추천하고 있는데, 밖에서 운동하면 비타민D 생성에도 분명 도움이 될 것입니다.

**비타민D를 많이 함유한 식품**

### 10번째 방법

## 키가 크기 위해 자제해야 할 영양 성분은?

음식 중에는 단백질처럼 키가 크는 데 도움이 된다고 여겨지는 음식도 있지만, 만약 키가 자라지 않는 음식도 있다고 한다면 걱정하시는 분들이 계시겠지요. 여기서는 키가 잘 자라지 않는 음식이 있는지 생각해 보겠습니다. 특히 콩의 이소플라본에 대해 검토해 보겠습니다.

갱년기 여성을 대상으로 판매하고 있는 건강식품을 살펴보면 '이소플라본 배합'이라는 글자가 눈에 띕니다. 갱년기에는 여성호르몬의 분비가 적어져 몸에 여러 가지 문제가 발생합니다. 그것이 갱년기 장애인데, 이러한 문제를 개선하기 위해 보충하는 것이 이소플라본입니다. 이소플라본은 분비가 줄어든 여성호르몬을 대신

하는 여성호르몬 유사 물질로, 이를 보충하면 증상을 줄이는 데 도움이 된다고 알려져 있습니다.

이러한 이소플라본을 사춘기가 시작되지 않은 아이가 많이 섭취하면 어떻게 될까요?

이소플라본을 많이 섭취해 체내에서 여성호르몬으로 변환되면, 골단선이 빨리 닫히거나 사춘기가 빨리 찾아오는 원인이 될지도 모른다는 우려가 있습니다. 한 가지 논문을 살펴봅시다. 한국의 인제대학교 의과대학에서 실시한 연구입니다.

1장에서도 다루었습니다만, 사춘기 조발증은 사춘기 증상이 어린 나이 때부터 발현해 조기에 몸이 완성돼 버려 일시적으로 키가 자란 후, 몸집이 작은 상태로 키가 멈춰버리는 질환입니다.

8살 정도 된 사춘기 조발증 여자아이 108명과 사춘기가 일찍 오지 않은 여자아이 91명을 조사해 각각의 혈중 이소플라본 농도를 비교했습니다. 그 결과, 사춘기 조발증인 여자아이의 채혈 결과를 살펴봤더니 이소플라본 농도가 높은 아이들의 비율이 높았다고 합니다. 즉 이 논문에서는 역시 이소플라본을 많이 섭취하지 않는 편이 좋다고 결론 내고 있습니다.

물론 이는 한 논문의 결과일 뿐이며, 이것으로 모두 단정할 수 있는 것은 아닙니다. 다른 연구를 살펴보면 많은 연구를 종합적으로 분석한 시스테마틱 리뷰에서는 '이소플라본과 키 사이에 관련성을 찾을 수 없다'라고 보고하고 있습니다. 이소플라본이 키 성장을 멈추는 효과가 있는지에 대해서는 명확한 답변을 할 수 없는 것이 현시점의 결론입니다.

다만, 지역별 이소플라본의 섭취량 차이를 봐주십시오.

- 아시아인의 섭취량: 하루 25~50mg
- 서양 여러 나라의 섭취량: 하루 3mg 미만

이처럼 아시아와 서양 여러 나라를 비교해 보면 아시아에서 압도적으로 콩을 많이 먹고 있다는 사실을 명확히 알 수 있습니다. 기본적으로 아시아 사람들이 콩을 많이 섭취하는 것 같습니다. 우리가 평소에 먹고 있는 낫토와 두부, 된장국도 모두 콩 제품입니다. 다른 아시아 나라들도 비슷한 상황을 생각해 볼 수 있겠지요. 아시아 사람들이 서양의 여러 나라 사람보다 꽤 키가 작다는 사실은 분명합니다. '어쩌면 콩의 이소플라본이 부정적인 방향으로 작용하고 있는 게 아닐까?' 라는 가설이 성립할지도 모릅니다.

다만, 이 가설에도 한 가지 유보해야 할 사항이 있습니다. 만약 이소플라본에 키 성장을 멈추는 강력한 효과가 있다고 한다면, 콩 제품을 많이 먹는 일본인의 키는 좀 더 작아져도 이상하지 않습니다. 콩 식품으로는 낫토를 비롯해 많은 식품이 있으며, 제각기 건강에 좋다고 알려져 있습니다. 물론, 건강 유지를 위해 콩 식품을 먹는 것이 나쁘다는 것은 아닙니다.

다만, 이소플라본의 작용이 신경 쓰이는 분들은 이러한 검토를 바탕으로 섭취를 피하는 것도 하나의 선택지가 되겠지요.

**11번째 방법**

# 비만은 조숙화로 이어져 키 성장을 멈추게 할 수 있다

비만과 키의 관계에 대해서는 먼저 한 가지 문서를 인용해 보겠습니다. 오사카 대학의 공적 기관 중 하나인 오사카 유닛센터의 소아과 의사, 타카쿠와 사토시 선생이 아이들의 조숙화에 대해 쓴 문장입니다.

사춘기 조발증을 일으킬 가능성이 있는 생활 습관 중에 현대 사회와의 관련이 깊은 것이 비만과 밤샘입니다. 비만인 아이는 지방 세포 하나하나가 크게 부풀어 있으며, 그 부풀어 오른 지방 세포에서 분비되는 렙틴이라는 물질이 사춘기를 촉진한다고 여겨집니다. 또한, 밤샘은 사춘기를 늦추는 작용이 있는 멜라토닌이라는 물질을 저하시킵니다.

따라서, 비만이 되는 식생활과 밤샘은 사춘기가 일찍 찾아오는 생활 습관이라는 이야기가 됩니다. 이러한 견해가 있는 만큼 키가 크려면 비만과 밤샘을 피해야 하겠지요. 중국의 연구를 하나 소개하겠습니다. 이 연구에서는 5000명 이하의 여자아이에 관한 11개의 연구를 종합적으로 분석해, 표준 체중인 여자아이와 비만 체중인 여자아이를 비교했습니다. 그러자, 비만 체중인 그룹에 사춘기 조발증이 발병한 여자아이가 표준 체중인 그룹보다 유의미하게 많았다 보고되어 있습니다.

남자아이에 대해서는 데이터가 불충분하여 결과가 정리되어 있지 않습니다. 그러므로 비만과 남자아이의 키 성장에 대해서는 결론이 나지 않았다는 것입니다. 적어도 여자아이에 관해서는 체중이 무거운 아이가 사춘기가 더 빨리 시작된다, 즉 키 성장도 빨리 멈춘다는 이야기입니다. 이러한 연구도 있으니 여자아이의 경우, 뚱뚱하면 비만이 키 성장에 부정적으로 작용할 가능성이 있습니다. 비만일 우려가 있거나 이미 비만인 아이는 너무 살이 찌지 않는 정도로 체중을 관리하기를 추천합니다.

**12번째 방법**

# 건강한 성장을 위해 체중을 매일 기록하자

비만의 기준으로는 어른은 BMI가 지표가 되지만, 아이들은 다른 척도가 있습니다. 그것이 로렐 지수라고 하는 초등학생 이후 아이의 체격 지수입니다.

로렐 지수=체중(kg) ÷ [키(m) x 키(m) x 키(m)] x 10으로 계산

100 미만: 너무 마름

100~115: 마름

115~145: 보통

145~160: 살찜

160 이상: 과하게 살찜

고등학생 정도가 되면 BMI로도 괜찮지만, 그때까지는 이 로렐 지수를 참고해 주십시오. 이 계산에서 과하게 살이 찐 상태라면 체중을 줄이는 편이 좋겠지요. 당질과 지방질을 삼가고 단백질이 많은 식사를 하도록 유념합시다.

또한, 체중 조절 방법 중 하나로, 레코딩 다이어트가 있습니다. 레코딩 다이어트란, 문자 그대로 매일 반드시 체중을 측정하고 그 기록을 남기는 방법입니다. 오늘은 과식했으니 체중계에 올라가지 않는다고 하면 안 됩니다. 과식을 해도, 과식을 하지 않아도 반드시 매일 체중을 재는 것이 레코딩 다이어트의 비결입니다. 본격적인 레코딩 다이어트는 매일 먹은 음식을 모두 기록해 나가는 것이지만, 그러면 기록을 남기는 일이 너무 부담되어 지속하지 못하는 사람이 적지 않을 것입니다. 또한, 학교생활을 하느라 바쁜 아이들에게도 큰 부담이 됩니다.

그러므로 그 간이 버전으로 체중만 기록해 보기를 추천합니다. 스마트폰 앱 중에도 레코딩 다이어트와 같은 취지로 체중 관리를 할 수 있는 앱이 있으니 사용해 봐도 좋겠지요.

매일 기록하면 자신의 식사 방식이나 살찌는 방식에 관한 경향과 습관을 살펴볼 수 있습니다. 즉 기록을 계속해 나가면 다양한 사실을 깨닫게 되고 체중을 줄이는 일로 이어집니다. 조금씩 날씬해지고 기록으로 그 결과를 확인하면 다이어트를 계속해 나갈 의욕도 높아집니다.

한편으로는 너무 마른 것도 좋지는 않습니다. 극단적으로 마를 경우, 영양 상태가 나빠지는 건 명백합니다. 그렇게 되면 성장에 영양소가 활용되지 못하며 키 성장에 악영향을 미칩니다. 키가 크기 위한 여력을 만들기 위해서라도 적절한 체중을 유지하도록 합시다.

 "키가 크는 데 탄수화물이 필요한가요?"

물론 필요합니다. 다만, 탄수화물은 대부분이 당질로 되어있기에 주식으로 섭취할 경우, 부정적으로 인식하는 분들도 있습니다. 너무 많이 먹으면 살이 찔 거로 생각하시겠지요. 하지만, 키가 크는 데 필요하지 않은 영양소는 없습니다. 탄수화물은 귀중한 에너지원이므로 제대로 섭취해야 합니다. 단, 탄수화물을 과하게 섭취해 체중이 지나치게 늘지 않도록 조심해야 합니다.

체중을 제대로 관리하면서 탄수화물을 섭취하는 것이 좋겠지요. 본문에서도 다루었지만, 주식(탄수화물) 1그릇에 단백질 2그릇, 이 기준에 따라 섭취하시면 좋겠습니다.

### Q&A "고기의 어떤 부위를 먹어야 키가 클까요?"

제일 중요한 것은 단백질의 하루 섭취량입니다. 먼저 그에 대해 제대로 이해해 둡시다. 예를 들면, 제가 '안심이 좋다'라고 말했다고 칩시다. 하지만, 만약 안심을 5g밖에 먹지 못한다면 등심을 200g 먹는 편이 확실히 더 좋습니다. 즉 이 경우에 제일 중요한 것은 어느 부위냐가 아닌, 필요한 영양소를 얼마나 섭취할 수 있는지 그 분량이 중요합니다. 이를 이해한 뒤에 어느 부위가 좋겠냐고 물으신다면 '지방이 적은 부위'가 하나의 답변이 되겠지요.

지방의 과한 섭취는 비만으로 이어집니다.

비만은 조숙화를 촉진할 가능성이 있으니 기름진 고기보다 지방질이 적은 고기를 필요한 양 섭취하는 것을 중시해 주셨으면 좋겠습니다.

**Q&A "추천하는 야식이 있나요?"**

소고기 육포를 추천합니다. 이유를 물으신다면 세 가지 포인트가 있습니다. 충분한 단백질, 충분한 아연, 씹는 맛이 있다는 것입니다.

소고기 육포는 100g 중에 단백질이 54.8g 함유된 고단백 식품입니다. 단백질 보급에 좋은 귀중한 음식이지요. 게다가 키 성장에 필요한 미네랄인 아연도 풍부하게 함유하고 있습니다. 아연이 많은 음식으로는 굴(100g 중 14.0mg)과 소간(100g 중 3.8mg)이 대표적인데, 소고기 육포에 함유된 아연의 양은 100g 중 8.8mg입니다! 간보다도 많지요.

편의점 등에서도 구매할 수 있으니, 예를 들어 학원에 다니는 아이들도 야식으로 가볍게 먹을 수 있습니다. 게다가 소고기 육포는 씹는 맛이 있어 씹으면서 뇌의 만복 중추가 자극되므로 과식하는 일이 없습니다. 밤에 배가 고플 때 출출함을 달래기에 적합한 음식이라고 해도 좋겠지요. 게다가 단백질과 아연을 제대로 섭취할 수 있으니 일거양득입니다.

# 잠자는 아이는 실제로 자란다

**13번째 방법**

# 키가 크는 데 필요한 수면 시간은?

    키가 크는 데 제일 중요한 세 가지 요소인 '식사', '수면', '운동' 중에 이번 장에서는 수면에 관해 이야기하겠습니다.

    수면에서 중요시해야 할 내용은 시간과 질입니다. 얼마나 자면 좋을지 그리고 질 좋은 수면을 취하려면 어떻게 하면 좋을지입니다. 먼저, 수면 시간에 관해 생각해 봅시다.

    미국의 비영리 자선단체인 국립수면재단(National Sleep Foundation)이 연령별 권장되는 수면 시간을 공표했습니다. 수면 전문가뿐만 아니라 소아청소년과와 산부인과, 노년학, 신경학, 해부학과 같은 다양한 학회의 전문가들이 검토에 참여해 2018년에 논문으로 발표한 내용입니다. 다음 그래프를 살펴봐 주십시오. 권

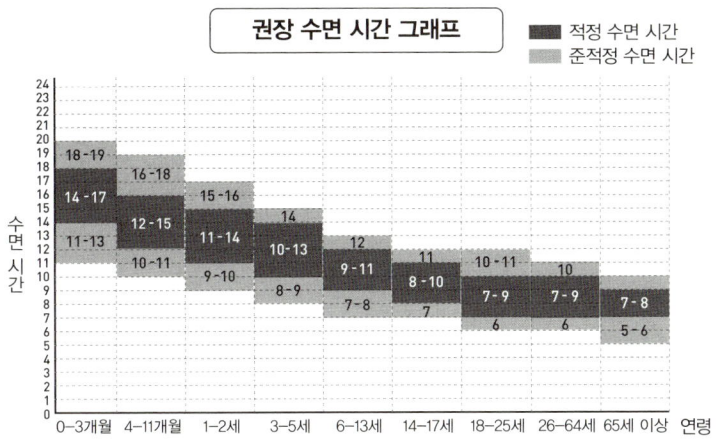

※ '국립수면재단(National Sleep Foundation)'에서

장 수면 시간 그래프로, 연령별 적정 수면 시간이 표시되어 있습니다.

제일 왼쪽부터 0~3개월, 4~11개월 순서입니다. 오른쪽으로 가면 나이가 많아지며, 제일 왼쪽이 65세 이상입니다. 그래프에서는 짙은 색 부분이 적정 수면 시간을 나타내고 있습니다. 0~3개월 아기라면 14~17시간이 적정 수면 시간입니다. 연한 색의 위아래 부분이 적정 수면 시간입니다. 0~3개월 아기라면 11~13시간 또는 18~19시간이 준 석성 시산이 뉩니다.

그래프 전체를 살펴보면 바로 알 수 있듯이 그래프가 오른쪽으로 갈수록(나이를 먹을수록) 적정 수면 시간이 줄어듭니다. 반대로 말하자면 젊으면 젊을수록 많은 수면이 필요합니다.

말 그대로, 잠자는 아이가 자라는 것입니다. 자는 동안 성장 호르몬이 분비되니, 제대로 된 수면은 키가 크는 데 필요합니다. 그래프에서 여러분의 키와 관련된 부분을 꼽아봅시다. 나이에 따른 적정 수면 시간은 아래와 같습니다.

- 0~3개월: 14~17시간
- 4~11개월: 12~15시간
- 1~2세: 11~14시간
- 3~5세: 10~13시간
- 6~13세: 9~11시간
- 14~17세: 8~10시간
- 18~25세: 7~9시간

8시간 자라는 말을 종종 듣는데, 이 데이터에 근거하면 8시간으로 충족되는 것은 14세 이상입니다. 13세 이하라면 8시간 자도 수면 시간이 충분하지 않습니다. 키가 크기 위한 적정 수면 시간을 학교 구분에 맞춰 알기 쉽게 정리해 보면 다음과 같습니다.

- 초등학생: 9~11시간
- 중학생: 8~11시간
- 고등학생: 7~10시간

또한, 수면 시간이 너무 긴 것도 좋지 않습니다. 그러니 여기에 표시된 적정 시간을 기준으로 자는 시간을 조절해 보는 게 좋겠지요. 키가 크기 위해 수면 시간을 확보하는 것도 중요하지만, 수면의 질도 그에 못지않게 중요합니다.

**14번째 방법**

# 자는 아이를 깨우지 말자!

　수면의 질이라고 하면 사람마다 다양한 이미지를 떠올릴 것입니다. '잠자리가 좋다'라든가, '숙면감이 있다'든가, '개운하게 기상한다' 등 다양한 척도를 생각해 볼 수 있습니다. 다만, 키가 큰다는 한 가지 포인트로 말해보자면, 수면의 깊이가 제일 중요합니다.
　질 좋은 수면이란 깊은 수면이며, 이는 키가 크는 수면이 될 수도 있습니다. 질 좋은 수면, 깊은 수면이 어째서 키 성장으로 이어지는지 생각해 봅시다. 본론에 들어가기에 앞서 우리의 수면 메커니즘에 대해 간단히 이야기해 보겠습니다. 수면은 '렘수면'과 '논렘수면'이라는 두 가지 타입이 있습니다.

| 렘 수면과 논 렘 수면 | | | |
|---|---|---|---|
| 각성 | 뇌는 깨어있다 | (급속 안구 운동) | 몸은 깨어있다 |
| 렘수면 | 뇌는 깨어있다 | (안구 운동) | 몸은 쉬고 있다 |
| 논렘수면 | 뇌는 쉬고 있다 | | 몸은 쉬고 있다 |
| | 뇌파 | 안구 운동도 | 근전도 |

　렘수면은 뇌가 깨어있으나 몸은 쉬고 있습니다. 렘수면 중에는 눈이 실룩실룩 움직여 급속안구운동(Rapid Eye Movement)이 발생하기 때문에 REM(렘) 수면이라고 부릅니다. 렘수면 중에는 뇌가 활발히 활동하며 기억의 정리와 정착이 이뤄진다고 합니다.

　한편, 논렘수면 중에는 뇌도 몸도 쉽니다. 잠은 논렘수면부터 먼저 시작되며 한 번에 깊은 잠으로 들어갑니다. 잠이 들고 1시간 정도 지나면 서서히 잠이 얕아지며, 렘수면으로 이동합니다. 그 후 다시 논렘수면인 깊은 수면으로 접어들며, 계속해서 얕은 수면인 렘수면으로 이동합니다. 이런 식으로 거의 90분 주기로 논렘수면과 렘수면이 교대로 출현하는 패턴이 하룻밤 사이에 3~5번

반복됩니다.

특히 중요한 것은, 논렘수면일 때 성장 호르몬이 분비되어 성장이 촉진되고 피로가 회복되는 효과가 있다는 점입니다.

여기서 워싱턴 대학의 타카하시 유키 선생 연구팀이 진행한 수면과 성장 호르몬에 관한 연구 논문을 다뤄보겠습니다. 이 실험에는 20~30대의 남성 4명과 여성 4명, 총 8명이 협력하였습니다. 8명에게 잠을 자게 한 뒤, 수면 중에 30분 간격으로 채혈하고 뇌파와 안전도로 안구 운동의 유무를 조사했습니다. 채혈로는 성장 호르몬의 농도를, 뇌파와 안구 운동으로는 수면의 깊이를 알아보았습니다. 실험 데이터를 그래프로 나타냈더니 다음과 같았습니다.

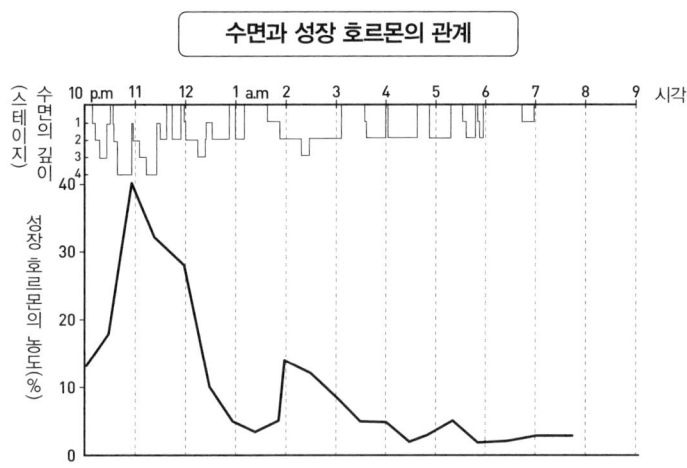

그래프의 윗부분이 수면의 깊이를 나타냅니다. 이 경우, 그래프가 아래로 향할수록 잠이 깊어진다는 것을 나타냅니다. 가로축은 수면의 시간 축을 나타냅니다. 그래프를 보면 밤 10시에 취침한 뒤, 11시 전후에 세로축이 스테이지4 부근까지 도달합니다. 즉 최초 90분 동안 매우 깊은 잠을 잔다는 것을 나타냅니다. 그럼, 여기서 이에 대응하는 성장 호르몬의 분비 그래프를 살펴봅시다.

최초 90분 동안의 수면 중에 분비량이 급격히 올라간 뒤, 급강하한다는 것을 한눈에 알 수 있습니다. 오른쪽의 수면 그래프에서 수면이 제일 깊어지는 스테이지4를 향해 깊은 잠이 들면, 성장 호르몬 농도가 올라간다는 것을 잘 알 수 있습니다.

더 자세하게 수치를 살펴보면, 성장 호르몬 농도의 최대치는 40%에 도달해 있습니다. 이후의 수면에서는 한 번도 그렇게까지 높아지지 않으며, 성장 호르몬 농도의 최소치는 약 1~5% 정도에만 머물러 있습니다.

이처럼 처음 잠이 들어 제일 깊이 잠을 잘 때와 새벽녘에 얕은 수면을 취할 때, 성장 호르몬의 분비 농도는 10배 정도 차이가 난다는 것을 알 수 있습니다.

이 그래프는 20세 여성의 데이터인데, 다른 날에는 성장 호르몬 농도가 70%까지 분비될 때도 있었다고 합니다. 즉 깊은 잠을 자고 있을 때는 그렇지 않을 때보다 약 20배 정도 성장 호르몬이 분비되고 있다고 생각할 수 있습니다.

이 연구 데이터로 매우 귀중한 식견을 얻을 수 있는데, 이를 정리하면 다음과 같습니다.

▫ 수면은 처음 90분이 제일 중요하다
▫ 성장 호르몬은 최초 90분의 수면 중에 제일 적게 분비되는 양의 약 10배 정도가 분비된다

이 논문을 통해 질 좋은 수면이 무엇인지에 관한 중요한 단서를 얻을 수 있습니다. 키가 크는 데 필요한 성장 호르몬의 분비를 더 많이 촉진하려면, 최초 90분 동안의 수면을 되도록 깊이 취하는 것이 중요하다는 이야기입니다. 이는 아버지, 어머니들이 꼭 이해해 주셨으면 하는 내용입니다. 아이가 잠든 뒤, 최초 90분 동안 성장 호르몬이 잔뜩 분비됩니다. 그러니 아이가 잠든 첫 시간대에는 절대로 깨우지 않도록 주의해 주시길 바랍니다.

자는 아이를 깨우지 말 것. 이 연구가 알려준 중요한 사항입니다.

**15번째 방법**

# 질 좋은 수면을 확보하기 위한 철칙

질 좋은 수면을 확보하기 위해, 자기 전에 지키면 좋은 규칙들이 몇 가지 있습니다. 추천할 만한 것은 자기 전에 자신의 루틴(행동 패턴)을 만들어 매일 밤, 정해진 대로 자는 것입니다. 패턴이 정해져 자신만의 루틴이 확실하게 생기면 잠자리에 들기도 수월해집니다. 7가지 포인트를 얘기해 보겠습니다.

**질 좋은 수면을 취하기 위한 7가지 포인트**
- 목욕을 한다
- 낮에 운동한다
- 양치질을 한다

☐ 잠옷으로 갈아입는다

☐ 밤늦게 깨어있지 않는다

☐ 스마트폰의 블루라이트와 빛 자극에 주의한다

☐ 일주일 단위로 수면 시간을 컨트롤한다

하나씩 해설해 보겠습니다. 먼저, 첫 번째가 목욕하는 것입니다.

간단한 샤워 정도는 추천하지 않습니다. 욕조에 제대로 몸을 담가주십시오. 과한 건 좋지 않지만, 몸이 어느 정도 달아오를 때까지 따뜻하게 담그는 건 좋습니다. 몸을 담근 뒤 욕조에서 나오면 체온이 조금씩 내려갑니다. 이때, 욕실에서 따뜻해진 몸의 열이 빠져나가면서 심부 체온이 내려갑니다. 그러면 자연스레 잠이 옵니다. 몸의 시스템이 이러하니 입욕 후 90분 정도 지난 뒤에 자는 게 효율이 높다고 합니다. 바꿔 말하자면, 취침 시각의 90분 전에 입욕하는 것이 좋다는 이야기입니다.

두 번째가 낮의 운동입니다.

낮 동안 대부분 집 안에서 움직이지 않고 뒹굴뒹굴거리며 지냈더니 좀처럼 잠이 오지 않았던 적이 있지 않으신가요? 이에 반해, 낮에 열심히 운동한 날에는 대체로 금방 잠들 수 있습니다. 운동 후에 느끼는 기분 좋은 피로감은 잠이 잘 오게 하며, 수면의 질도 상승시킵니다. 운동 항목에서 다시 한번 설명하겠지만, 키 크는 성장 호르몬의 분비와 관련해 운동은 빼놓을 수 없습니다. 그러니 낮 동안 제대로 몸을 움직이는 것이 중요합니다.

세 번째는 양치질입니다. 반드시 하십시오.

여러분도 경험하셨을지 모르겠지만, 피곤해서 양치를 빼먹고 잔 다음 날 아침에는 입이 끈적끈적해서 기분이 나쁩니다. 불쾌감을 느끼면서 잘 때와 입속이 개운한 상태로 잘 때 중에 언제 좋은 잠을 잘 수 있을지는 명백합니다. 그러므로 수면의 질을 높이기 위해서라도 꼭 자기 전에 양치를 제대로 하셨으면 좋겠습니다.

네 번째가 잠옷을 입는 것입니다.

예를 들면, 낮에 열심히 운동하고 지친 상태로 돌아온 날에는 와이셔츠 차림 또는 운동복 차림 그대로 자버릴 때가 있을지도 모릅니다. 하지만 이는 당연히 추천하지 않는 행동입니다. 욕실에 들어가면 자동으로 잠옷으로 갈아입게 되는데, 수면의 질을 향상하려면 편안한 옷차림으로 자는 것도 매우 중요합니다.

마찬가지로, 소파에서 자는 것도 좋지 않습니다.

운동한 뒤에 몸이 노곤해져 침대까지 가기 귀찮다는 이유로 소파에서 선잠을 자는 아이도 있을 것입니다. 하지만, 소파에서 자고 싶은 마음을 참고 욕실에 들어갑시다. 물론, 이를 닦고 잠옷으로 갈아입은 뒤에 잠자기 루틴을 어떻게든 지켰으면 좋겠습니다.

또한, 침실이 너무 덥거나 추워도 잠이 잘 오지 않습니다. 방을 쾌적한 온도로 유지해 두도록 합시다.

다섯 번째가 밤늦게 깨어있지 않는 것입니다.

밤늦게 깨어있으면 안 되는 이유는, 단 한 번이라도 생활의 리듬을 흐트러트리는 계기가 될 수 있기 때문입니다.

어쩌다 오전 2시 정도까지 깨어있으면 다음 날 아침에 일어나기 힘들어집니다. 그래도 학교에 가야 하니 억지로 6시 반에 일어날 것이고 그러면 4시간 반밖에 자지 못합니다. 당연히 수면 부족으로 수업 중에 졸기도 할 것입니다. 이것은 최악의 패턴입니다.

이러면 당연히 그날 밤에도 잠들기가 힘들어집니다. 수업 중에 졸아 밤잠을 잘 수 없는 패턴이 계속되면, 생활 리듬이 점점 무너집니다. 이래서는 질 좋은 수면도, 충분한 수면 시간 확보도 할 수 없습니다. 이런 일의 계기가 될 수 있으니 밤늦게 깨어있는 일은 가급적 피하셨으면 좋겠습니다.

같은 의미로, 내일 학교에 가지 않는다고 해서 휴일 전날에 밤늦게 자는 것도 추천하지 않습니다. 매일 규칙적으로 같은 시간에 자는 것이 최고입니다. 게다가 이미 언급했듯이 밤늦게 자면 조숙화가 진행되는 요인이 되기도 하니, 그런 점에서도 추천하지 않습니다.

여섯 번째, 스마트폰의 블루라이트와 빛 자극을 주의합시다.

스마트폰이나 컴퓨터 등에서 나오는 블루라이트는 가시광선 중에 제일 파장이 짧으며 강한 에너지를 발산합니다. 자기 전에 스마트폰의 블루라이트를 쐬면 각성 효과가 있으며 머리가 맑아집니다. 체내 시계도 늦춰져서 잠들기 어려워진다고 합니다.

조금 졸릴 때 스마트폰으로 동영상 같은 것을 잠시 봤더니 좀처럼 잠들지 못한 경험을 한 분들도 많으실 겁니다. 이것도 블루라이트의 각성효과 때문입니다. 또한, 블루라이트뿐만 아니라 그 이외의 빛 자극도 수면의 질을 저하합니다.

생각해 보면 이는 당연합니다. 빛이 밝은 곳에서 잘 때와 어두운 곳에서 잘 때를 비교해, 언제가 더 잠이 잘 오는지 묻는다면 고민할 필요 없이 어두운 곳에서 잘 때를 선택하게 됩니다. 잠들기 약 1시간 전부터는 스마트폰이나 TV 등을 보는 것을 삼가는 편이 좋습니다.

일곱 번째, 일주일 단위로 수면 시간을 컨트롤한다.

매일 적정 수면 시간을 유지하는 것이 이상적이지만, 생활하다 보면 당연히 바쁘거나 잠을 잘 수 없는 날이 생깁니다. 그럴 때 '앗! 어제는 조금밖에 자지 못했네...'라는 생각에 끙끙대지는 마십시오. 끙끙거리며 생각한들 스트레스가 쌓일 뿐입니다. 그러면 '오늘 밤에야말로 빨리 자야겠어'라든가 '오늘 밤에도 자지 못하는 거 아닐까'라는 등의 생각으로 오히려 압박을 받아 점점 잠들기 힘들어지는 악순환에 빠져버리기도 합니다.

그럴 때는 오늘 밤에 잠을 자지 못해도 일주일 단위로 되돌리면 된다고 생각해 봅시다.

일주일 단위로 '적정 수면 시간x7'을 계산하고 이를 기준으로 삼아, 일주일의 수면 시간을 컨트롤하는 것입니다. 일주일 단위로 생각하면 선택의 폭이 넓어지니 마음에 여유가 생깁니다. '나중에 되돌릴 수 있으니 오늘 밤에는 잠을 적게 자도 문제없다'라고 생각하며 마음을 편하게 갖는다면 잘 잘 수 있을 것입니다.

**16번째 방법**

# 일어나서 제일 먼저 뭘 하면 좋을까?

대답은 정해져 있습니다. 커튼을 열고 아침 햇살을 쐬십시오.

우리 몸속에는 체내 시계가 있어 체온 변동과 호르몬 분비량 등을 컨트롤합니다. 수면 리듬도 이 체내 시계가 관장하고 있습니다. 체내 시계는 25시간 주기로 시간을 쪼개고 있기 때문에, 이를 24시간에 맞추려면 시계를 초기화해야 합니다.

초기화하면 호르몬 분비 등도 올바르게 기능하게 되어 수면 리듬도 잘 제어됩니다. 이 체내 시계를 초기화하는 데 필요한 것이 아침 햇살을 쐬는 일입니다. 아침에 빛을 쐬고 체내 시계가 초기화되면 뇌의 송과체라는 부분에서 나오는 멜라토닌이라는 호르몬의 분비가 멈춥니다.

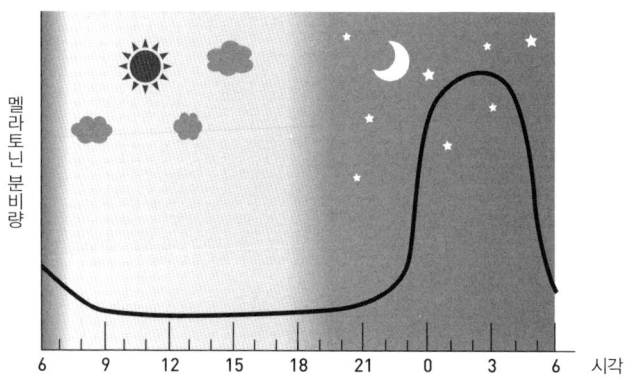

아침, 체내 시계가 초기화되고 14~16시간 뒤에 멜라토닌 분비가 증대하며 자연스럽게 잠이 찾아온다

멜라토닌은 자연스럽게 잠이 오게 하는 '수면 호르몬'입니다. 아침 햇빛을 쐬어 일단 분비가 멈춘 멜라토닌은 14~16시간 후에 다시 분비되기 시작됩니다. 멜라토닌의 작용으로 심부 체온이 낮아지면 자연스럽게 잠이 찾아옵니다.

질 좋은 잠을 자려면 아침에 빛을 쐬고 체내 시계를 초기화하는 것이 중요합니다. 그러면 '14~16시간 후에 잠이 온다'라는 타이머가 세팅되며, 밤에 멜라토닌이 원활하게 분비되게 됩니다. 밤에 블루라이트와 강한 빛을 쐬선 안 되는 이유도 야간 멜라토닌의 분비를 멈추어 수면 리듬을 흐트러트리기 때문입니다. 게다가,

애초에 멜라토닌은 성장 호르몬의 분비도 촉진하는 호르몬입니다. 키가 크고 싶은 아이야말로 제대로 햇빛을 쐴 필요가 있습니다.

## Q & A

 **"자기 전에 물을 한 컵 마시면 수면의 질이 변하나요?"**

자기 전에 물을 마시는 편이 좋습니다. 예를 들어 8시간을 잔다고 칩시다. 일단 잠에 들고나면 수면 중에는 수분을 섭취할 수 없습니다. 그러면 몸은 탈수 상태가 되고 있다고 여깁니다. 깨어있는 동안 8시간 내내 수분 보급을 하지 않고 지낸다고 생각해 보면 잘 알 수 있습니다. 분명 꽤 힘들 것입니다.

그러한 의미에서 수면 중 탈수를 방지하는 데 한 컵의 물은 효과적이며, 결과적으로 수면의 질 향상으로도 이어진다고 생각합니다. 한 잔의 물이 과연 성장 호르몬을 많이 분비시킬지 어떨지를 증명하기는 어렵겠지만, 어쨌든 수면의 질 향상으로 이어지니 마시는 게 좋겠지요.

다만, 물을 너무 많이 벌컥벌컥 마시면 이번에는 요의로 밤중에 잠에서 깰 우려가 있습니다. 이는 수면을 분단시키는(즉 수면의 질을 떨어트리는) 일이 되므로 좋지 않기에 그 균형이 중요하겠습니다.

 **"매일 같은 시간에 자면 키가 크나요?"**

키 성장으로 이어집니다! 이는 거의 확신을 갖고 말할 수 있습니다. 취침 시간까지 포함해 규칙적인 생활 습관을 형성해 나가는 것은 키 성장에 매우 중요한 일입니다. 자는 시간이 일정해지면 수면 시간도 확보하기 쉬워지며, 수면의 질도 좋아지기 때문입니다. 수면의 질이 좋아지면 성장 호르몬의 분비량이 증가하니 분명 키 성장에 좋은 영향을 미칠 것입니다.

# 4장

## 키가 커지는 운동은?

### 17번째 방법

# 제일 효율적인 방법은 운동

키가 크는 데 왜 운동이 필요할까요? 3가지 이유로 설명해 보겠습니다.

**키가 크는 데 운동이 필요한 3가지 이유**
- 성장 호르몬 분비가 촉진된다
- 영양 흡수가 좋아진다
- 수면의 질이 향상된다

첫 번째 이유는 운동으로 성장 호르몬 분비가 촉진되기 때문입니다. 일정 시간 동안 운동하면 성장 호르몬 분비가 대량으로,

빠르게 촉진된다는 사실이 연구로 판명되었습니다. 누구든 할 수 있는 운동으로 성장 호르몬 분비를 크게 촉진할 수 있으니, 키 크는 방법 중에서 제일 효율적인 방법이 운동일 것입니다. 여러분도 열심히 운동해서 성장 호르몬의 분비를 촉진합시다.

두 번째로, 운동을 하면 영양 흡수가 좋아집니다.
단백질을 비롯해 단백질의 구성 성분인 아미노산을 섭취하면, 통계학적으로 키가 크는 데 긍정적으로 작용한다는 데이터가 있습니다. 이 단백질의 흡수율은 운동으로 향상된다고 합니다. 즉 운동하면 '키에 중요한 단백질을 효율 좋게 흡수할 수 있게' 됩니다.

세 번째가 수면의 질 향상입니다.
이미 수면의 장에서도 다루었으나, 운동으로 몸이 기분 좋게 피로해지면 자연스럽게 잠이 옵니다. 잠을 잘 잘 수 있게 되어 수면의 질도 향상되니 이러한 점에서도 운동을 추천합니다. 아이들 중에 좀처럼 밤에 잠을 잘 자지 못하는 아이가 있는 것도 사실입니다. 이런 아이들에게는 꼭 운동을 추천하고 싶습니다.

**18번째 방법**

# 60분의 운동이 효율적으로 성장 호르몬을 촉진한다

운동하면 성장 호르몬의 분비가 촉진됩니다. 그럼, 성장 호르몬의 분비를 촉진하기 위해서는 운동을 얼마나 하면 될까요? 이에 참고가 되는 미국 노스캐롤라이나 대학의 로리 와이드맨 선생의 논문을 이야기해 보겠습니다.

건강한 15명의 남녀(남자 8명, 여자 7명)가 연구에 참가했습니다. 세 가지 운동 세션(30분, 60분, 120분)을 실시해 운동 시작 10분 전부터 10분마다 혈액 표본을 채취했고 성장 호르몬의 분비 정도를 조사했습니다. 그 그래프를 살펴보겠습니다. 세로축이 성장 호르몬의 분비량, 가로축이 운동한 시간입니다.

먼저, 여성 그래프를 살펴봅시다.

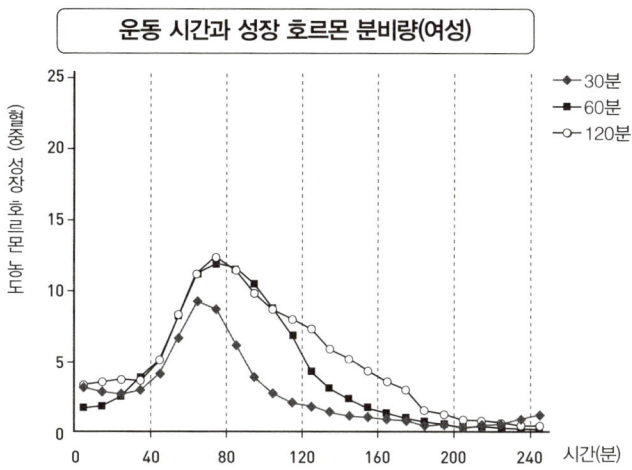

※'The impact of sex and exercise duration on growth hormone secretion'에서

어떤 운동이 분비량이 많아 큰 산을 만들고 있는지 살펴보면, 120분인 사람이 제일 큰 산을 만들었습니다. 그러므로 30분보다 60분, 60분보다 120분 운동하는 편이 성장 호르몬이 많이 분비된다는 것을 그래프로 알 수 있습니다.

정리하면 운동 시간에 따른 성장 호르몬 분비는 30분〈60분〈120분과 같이 나타낼 수 있습니다. 다만 여성의 경우, 60분과 120분을 비교해 보면 운동량의 차이에 비해 분비량에는 커다란 차이가 없었습니다.

또한, '성장 호르몬의 분비 자제'는 운동 직후부터가 아닌 운동을 시작하고 조금 지난 뒤부터 급증하는 경향이 있다는 것을 알

수 있습니다. 여기서 포인트는,

- 분비를 촉진하고 싶다면 어느 정도 제대로 된 운동을 해야 한다
- 운동량과 분비량의 효율로 생각해 보면, 운동 시간은 60분이 적정하다

이어서 남성도 살펴봅시다. 왼쪽 그래프입니다.

남성의 경우, 60분과 120분을 비교해 보면 성장 호르몬 분비량의 차이가 크다는 것을 알 수 있습니다. 이는 피검자가 성인 남녀이므로 키가 크고 싶은 아이에게 어디까지 해당할지는 알 수 없습니다. 하지만 운동을 오래 하면 성장 호르몬 분비가 더 많이 촉

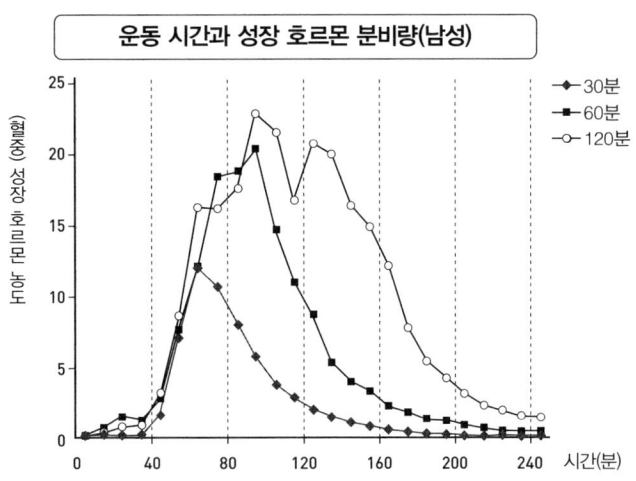

※'The impact of sex and exercise duration on growth hormone secretion'에서

진된다는 사실은 명확합니다.

　남녀 간 분비 방식에 차이가 있긴 하지만, 120분 동안 운동하기란 역시 그렇게 쉬운 일이 아닙니다. 또한, 운동을 과하게 하는 것도 성장에 나쁜 영향(이 뒤의 항목에서 다루겠습니다)을 줄 수 있습니다. 이러한 점을 함께 생각해 보면, 60분 정도를 기준으로 운동하는 것이 적정하며, 누구든 하기 쉽고 지향하기 쉬운 목표일 것입니다.

## 19번째 방법

## 추천하는 적절한 운동

지난 항목으로 운동을 어느 정도 계속 해야 성장 호르몬이 많이 분비된다는 것을 알았습니다. 그렇다면, 어떤 운동이 좋을까요?

지난 항목과 같은 연구 그룹이 운동 타입에 따라 성장 호르몬의 분비가 어떻게 변화하는지 검토했습니다. 피검자는 20대 남성 10명입니다. 참가자들에게 30분 동안 빠른 스피드로 사이클링을 시킨 경우와, 마찬가지로 30분 동안 프리웨이트 스쾃(스쿼트, Squat)을 단속적으로 시킨 경우를 비교해 성장 호르몬 분비의 정도를 알아보았습니다.

즉 힘든 유산소 운동과 힘든 근력 운동 중에 어느 쪽이 성장 호르몬이 더 분비되는지를 조사한 것입니다. 결과부터 말하면, 프리웨이트 스쾃을 한 경우가 성장호르몬이 더 많이 분비되었다고 보고되었습니다.

운동은 크게 나누면 사이클링과 조깅, 러닝 등으로 대표되는 유산소 운동과 스쾃과 단거리 달리기 같은 무산소 운동, 2가지로 분류됩니다. 이 논문으로 운동을 하면 유산소 운동이든 무산소 운동이든 성장 호르몬 분비가 촉진된다는 것을 알 수 있습니다.

그렇다면, 근력 운동이 성장 호르몬 분비를 더 많이 촉진하니 근력 트레이닝을 하는 편이 좋다고 결론지어도 될까요.

여기에는 조금 의문이 남습니다.

이 실험처럼 프리웨이트로, 즉 덤벨이나 바벨을 사용해 단속적으로 스쾃을 하는 운동은 많은 아이들에게 지나치게 힘들며 운동 장벽이 너무 높습니다. 덤벨은 그렇다 치고, 바벨은 일반 가정에는 없으며 실제로 그다지 현실적이지 않습니다. 그럼 어떻게 하면 될까요.

운동 시간이 길면 성장 호르몬이 많이 분비된다는 것을 알고 있으니, 먼저 어느 정도 지속 할 수 있는 운동이 좋다고 생각합니다. 이런 점에서는 축구, 농구, 탁구, 야구, 수영과 같은 운동이 후보 운동이 되셌시요.

이런 운동을 추천합니다

야구 / 탁구 / 농구 / 수영 / 축구

   이러한 운동들은 애초에 긴 게임 타임이 필요하니, 성장 호르몬 분비의 기준이 되는 60분이라는 운동 시간 기준도 달성하기 쉬울 것입니다. 수영도 수영 교실 등에 다니면 1시간 정도 하는 패턴이 비교적 많습니다. 문제없이 목표 시간을 클리어할 수 있을 것입니다.

   조깅이나 러닝도 좋으나, 1시간이나 계속 달리는 건 조금 허들이 높을지도 모릅니다. 물론, 육상부에 들어가 있어서 60분 정도는 힘들이지 않고 달릴 수 있는 분들께는 추천합니다.

더 나아가 제 개인적인 견해를 말해보자면, 먼저 좋아하는 운동을 해봅시다! 그것이 첫 번째라고 생각합니다. 키가 크는 도전은 장기전입니다. 한두 달로 끝나는 도전이 아닙니다. 1년, 2년, 3년... 계속해 나가는 것이 중요합니다. 즉 장기전으로 지속해 나갈 수 있는 것이 제일 중요한 것입니다. 좋아하는 운동이 아니라면 계속해 나갈 수 없겠지요.

성장 호르몬의 분비량만을 생각해 보면 아마 근력 운동은 단순한 유산소 운동보다 성장 호르몬 분비량이 많을 것입니다. 하지만 역시, 종합적으로 생각해 보면 유산소 운동을 통한 전신 운동이 적절할 것 같습니다.

### 20번째 방법

# 일상 속 근력 운동으로
# 키가 커진다

    근력 운동(무산소운동)과 유산소 운동을 비교해 보면 근력 운동이 성장 호르몬을 더 많이 분비한다는 데이터를 소개했습니다. 이러한 데이터가 있음에도 제가 고강도 근력 운동을 강력하게 말씀드리지 않는 이유를 다른 관점에서 설명하겠습니다.

    고강도 근력 운동의 목적은 근육을 비대하게 만드는 것입니다. 이를 위해서는 고강도 근력 운동으로 근육을 파괴할 필요가 있습니다. 고강도 부하를 가한 근력 운동으로 근육이 파괴되면 그 후에 파괴된 근육이 복원됩니다. 이 복원 과정에서 근육이 비대해지는 것입니다. 이를 반복하면 보디빌더 같은 육체가 만들어지게 됩니다.

우리가 입으로 섭취한 영양은 다양한 곳으로 보내집니다. 예를 들면, 뇌와 근육, 뼈, 신경, 피부 등등입니다.

키가 큰다는 의미에서는 영양이 더 많이 뼈로 가면 좋겠지요. 하지만, 고강도 근력 운동으로 근육 파괴가 발생하면 영양이 그 근육을 복원하는 데 쓰이게 될 우려가 있습니다. 뼈 성장에 쓰여야 할 영양을 근육에 빼앗겨버리면 키에는 긍정적이지 않다는 이야기입니다.

다만, 근육이 파괴되지 않는 강도 낮은 근력 운동이라면 해도 문제 없습니다. 덤벨이나 바벨, 머신 등을 사용하지 않는 맨손 스쾃 등은 고강도 운동이 되기 어려우니 문제없이 추천할 수 있습니다.

하지만 아이 중에는 운동을 그다지 좋아하지 않는 아이도 있겠지요. 체육 과목이나 운동에는 거의 흥미가 없으며, 앉아서 하는 활동을 선호하거나 활동량이 적은 아이들도 키가 크기 위해 꼭 운동했으면 좋겠습니다.

운동을 전혀 하지 않는 것보다는 30분이라도 운동하는 편이 명백하게 좋습니다. 그러니, 키가 크고 싶다면 30분이라도 꾸준히 운동해 보십시오.

활동량이 적은 아이들에게는 '겸사겸사 근력 운동'을 추천합니다.

예를 들면, 이를 닦으면서 또는 TV를 보면서 근력 운동을 해 봅시다. 겸사겸사 근력 운동 중에도 특히 맨손 스쾃 또는 한발 서기를 추천합니다. 한발 서기는 한발로 30초 또는 1분 동안 서 있기만 하면 되는 매우 간단한 운동입니다.

간단한 운동이지만 1분의 한발 서기는 53분의 걷기 운동에 상당한다는 연구 논문까지 있을 정도니, 허튼 일은 아닐 것입니다. 좌우의 다리로 각각 1분씩 서 있는 것을 한 세트로 하여, 1일 3세트를 목표로 한발 서기를 해봅시다.

운동을 그다지 좋아하지 않으며 귀가를 선호하는 아이도 한발 서기라면 쉽게 할 수 있습니다. TV를 보면서도, 이를 닦으면서도 할 수 있으니 지속하기에도 좋겠지요.

## 21번째 방법

# 키가 크는 스트레칭

스트레칭을 좋아하시는 분들이 많아서 아이와 부모님들에게도 "키 크는 데 도움 되는 스트레칭은 없을까요?"라는 질문을 받을 때가 종종 있습니다. 그래서 우리 병원의 물리치료사인 칸바야시 타케오 선생에게 '키가 크는 스트레칭' 3패턴을 소개받았습니다.

모두 전신의 근육을 올바른 위치로 정리해 나가는 목적으로 실시합니다. 스트레칭으로 딱딱해진 근육을 풀고 혈류를 원활하게 하는 것도 키가 크는 데 도움이 됩니다. 전신의 혈류가 좋아지면 몸 구석구석까지 영양을 보낼 수 있게 됩니다. 다음의 세 가지 스트레칭을 하루에 2세트씩 해보시길 권합니다.

> 허벅지 스트레칭

1일 2세트를 목표로

- 벽 쪽에 한쪽 무릎을 세우고 꿇는다.
- 벽에 발을 댔다면 벽에 댄 발의 뒤꿈치를 엉덩이에 댄다.
- 그대로 20초 유지한다.
- 반대쪽 다리도 마찬가지로 2세트 한다.

* 균형이 좋지 않은 분은 옆에 의자 등을 두고 보조로 활용합니다.
* 등을 펴고 하면 더 좋습니다.
* 다리가 아파서 등을 펴지 못하는 사람은 상반신을 앞으로 구부리면 편하게 할 수 있습니다.
* 자연스럽게 호흡합니다.

- 앞에 의자를 놓고 한쪽 발을 의자에 올린다.
- 의자에 올린 다리의 무릎을 편다. 이때, 발목도 세운다.
- 무릎이 늘어난 상태로 20초 유지한다.
- 반대쪽 발도 마찬가지로 실시한다. 2세트 한다.

＊ 가능하다면 발끝을 양손으로 잡고 몸을 앞으로 기울입니다.
＊ 몸을 받치고 있는 발은 앞을 똑바로 향하게 둡니다.
＊ 자연스럽게 호흡합니다.

| 등과 허리 스트레칭 |

1일 2세트를 목표로

- 벽 쪽에 어깨너비보다 조금 좁게 발을 벌리고 서서 상체를 앞으로 기울이고 벽에 양손을 짚는다.
- 등을 젖히듯 엉덩이를 뒤로 내밀고 가능한 범위에서 얼굴은 앞을 향한다.
- 이 자세로 20초 유지하고 2세트 한다.

\* 시선은 앞을 향한 상태입니다.
\* 등이 휘는 것을 의식하면서 하면 좋습니다.
\* 자연스럽게 호흡합니다.

## Q & A

 **"과한 운동을 그만두면 키가 늘어난다는 게 사실인가요?"**

과한 운동이 키에 악영향을 줄 가능성은 분명히 있습니다. 키가 크는 데 운동은 성장 호르몬의 분비를 촉진하므로 매우 중요합니다. 하지만, 과한 운동은 역시 건강과 키에 좋지 않습니다.

운동을 본격적으로 하여 운동량이 꽤 많은 아이가 저희 외래 진료 환자 중에도 많이 있습니다. 프로 스포츠 선수를 목표로 하거나 올림픽 선수를 목표로 하는 아이들입니다.

이런 아이들은 매일 상당한 운동량을 소화해 냅니다. 운동을 과도하게 많이 하고 있다고 해도 좋습니다.

과도한 운동량의 결과로 영양이 결핍된 아이들도 볼 수 있습니다. 성장기에 영양이 부족해지면 키 성장에 마이너스 영향을 줄 우려가 있습니다. 마찬가지로, 상당한 운동량이 있어야 하는 부활동을 계속한 아이가 그 동아리를 그만두었더니 키가 커진 일도 있습니다.

운동으로 소비되고 있던 영양이 줄어들지 않게 되니 결과적으로 영양 결핍이 보완되어 키에 좋은 영향이 나타날 가능성도 있다는 것입니다. 또한, 현재도 운동량이 많은 스포츠를 계속하고 있는 아이들의 경우, 운동한 뒤에는 그만큼 영양 보충에 제대로 신경 쓰기를 권합니다.

참고로, 아이가 에너지가 부족한 상황인지를 확인할 수 있는 제일 간단한 방법으로, 체중 측정이 있습니다. 채혈 데이터라면 좀 더 정확히 판단할 수 있겠지만, 통원해야 하니 간단하다고 할 수 없습니다. 체중이라면 바로 측정할 수 있지요. 측정해 보고 평균 체중에 비해 극단적으로 말라 있다면 아이가 에너지가 부족할 가능성이 있습니다. 만약 영양이 충분하지 않을 우려가 있다면 제대로 영양을 보급하고 평균 체중으로 되돌릴 수 있는 식사를 신경 써 주십시오.

### Q&A "책상다리를 하면 키가 크지 않는다는 소문이 사실인가요?"

책상다리를 하면 키가 크지 않는다는 말은 거짓이라고 생각해도 좋습니다. 왜냐하면, 책상다리를 하는 사람이 세상에 많을 텐데, 모두 키가 제대로 성장하기 때문입니다.

다만, '어떻게 앉는 게 좋을까요?'라고 질문하신다면 책상다리를 권하지는 않습니다. 책상다리를 하는 문화는 일본을 비롯한 아시아권의 문화입니다. 서양에서는 의자를 이용해 생활하기에 문화의 차이가 있습니다. 어느 쪽이 키가 더 크냐고 묻는다면 명백하게 서양이 더 큽니다.

물론, 의자만으로 비교 대조하는 건 무리라고 생각하시는 분들도 계시겠지요. 일본의 최근 70년을 되돌아보십시오. 최근 동안 일본인의 키는 10cm 정도 커졌습니다. 물론 영양을 충분히 섭취할 수 있게 된 것이 제일 큰 요인이겠지만, 이러한 일본인의 키 성장에 생활 스타일의 변화도 관련되어 있을지도 모릅니다.

'최근 70년 동안 책상다리 문화가 줄어들고 의자 문화로 생활 스타일이 크게 변화했는데, 이 변화가 키 성장을 뒷받침하진 않았을까?'하는 생각을 바탕으로 책상다리보다는 의자를 추천하고 싶습니다.

**Q&A** "지압 마사지나 카이로프랙틱[2]이 키가 크는 데 효과가 있을까요?"

원래 자세가 계속 안 좋았던 분이 지압 마사지나 카이로 시술을 받으면 자세가 좋아지며 키가 커지는 경우가 있을 수 있습니다. 하지만 이는 자세 교정에 의한 것으로, 어디까지나 측정 시 키가 커질 뿐이며, 키 성장과 같은 게 아니라고 생각합니다.

---

[2] 약물이나 수술 대신 신경과 근육, 골격을 다루어 치료하는 대체의학 분야이다.

### Q&A "키가 크는 데 정신 건강이 중요한가요?"

정신 건강은 키 성장에도 큰 영향을 줄 가능성이 있습니다. 예를 들면, '애정차단증후군'이라는 병이 있습니다. 이는 아이가 부모에게 애정을 받지 못해 정신적인 스트레스가 가해지는 환경에서 자라, 성장 호르몬의 분비가 저하되어 키가 작아지는 병입니다.

스트레스가 많은 환경에서는 수면의 질도 저해되기 쉬우며, 식욕도 저하되니 키가 크기 어려워집니다. 이 병으로만 한정할 수는 없으나, 스트레스가 가해진 상태에서 매일 부정적인 말만 생각하며 생활하면 키가 크기 어려워질 우려가 있습니다.

사춘기 아이들은 사소한 일들을 신경 쓰며 여러 가지 고민을 하고 있습니다. 그런 나이대이니 어떤 일이든 가급적 밝고 긍정적으로 생각하도록 스스로 노력하는 것이 중요합니다. 초조할 때나 기분이 안 좋을 때, 계속 어두운 얼굴로 침울하게 있을 것인가, '뭐 어떻게든 되겠지'라며 정신을 다잡아 앞으로 나아갈 것인가. 이를 선택하는 사람은 바로 자신입니다. 긍정적인 생각이 몸에도 좋은 영향을 미칠 것입니다.

# 번외편

## 우리 성장 클리닉만의 방법

### 클리닉에서 진행하는 치료는?

저는 의료적 접근을 바탕으로 키를 성장시키는 치료를 하고 있습니다. 이 책에서도 언급한 대로, 키가 크는 시기는 한정되어 있습니다. 뼈의 골단선이 모두 닫혀버리면 더 이상 키가 자라지 않습니다. 사춘기 후반부터는 성과를 올리기 어려워집니다. 그러므로 치료 대상 연령이 어느 정도 정해져 있습니다.

### 본원의 치료 대상 연령

남자아이: 5세~14세 0개월

여자아이: 5세~13세 0개월

5세 이전의 아이여도 사전에 상담하시면 대응해 드릴 수 있습니다. 이어서, 대략적인 진료의 흐름을 말씀드리겠습니다. 초진 때는 손의 엑스레이 촬영 등을 하며 문진합니다. 아이와 부모의 키 데이터 등도 질문하며, 이 시점에서 키 예측 등을 하게 됩니다. 초진 때는 채혈도 하는데, 채혈 결과는 1주일 후에 나오며 결과를 바탕으로 재진(또는 온라인 문진) 합니다.

　어쨌든 첫 진료는 제가 직접 담당하며, 본원에서의 치료 방침과 어떤 식으로 키를 성장시키는 지 등을 시간을 들여 제대로 설명해 드립니다. 그 후, 희망에 따라 의료적 접근에 따른 키 치료를 시작합니다. 키 치료에는 세 가지 방법 있습니다.

### 3가지 키 치료 방법

- 영양 지도, 영양 보충 요법
- 성장호르몬 요법
- 사춘기 컨트롤 치료

　성장을 위해서는 영양을 제대로 보급해야 합니다. 평소 식사에서 균형 좋게 필요한 영양을 섭취하는 영양 지도가 그 기본이 됩니다. 또한, 채혈 결과에 따라 부족한 영양소를 보충해 나가는 영양 보충 요법을 시행하기도 합니다.

성장호르몬은 뼈 성장 촉진의 주력이 되는 호르몬입니다. 이를 보충하여 더 크게 성장하는 것이 목표입니다.

세 번째로 사춘기가 일찍 찾아오는 조숙 타입을 위해 약물을 통해 사춘기를 늦추는 치료를 합니다.

지금까지 읽으신 여러분은 이해하시겠지만, 저희 클리닉에서의 치료 또한 이 책이 제창해 내용의 연장선에 있습니다. 약물 요법과 영양제 등으로 그 내용을 더 강화한 치료가 되겠지요. 즉 방향성은 같다는 이야기입니다.

식사, 수면, 운동과 같은 생활 습관을 중요시하고, 조숙해지지 않는 생활 스타일을 철저히 지켜나갑시다. 키가 크는 노력은 하루하루 쌓아가는 것이 중요합니다.

## 끝으로

저는 아이의 키를 성장시키는 외래 진료에서 키 치료에 힘쓰면서 유튜브 채널, '키 선생님 타나베 유우'를 운영하고 많은 아이들과 부모님의 상담에 답변해 왔습니다. 동영상을 올리기 시작했더니 상담과 문의가 차례차례 들어오게 되었고, 키로 고민하는 분들이 얼마나 많이 계시는지를 실감하게 되었습니다.

다만, 한편으로는 저희 키 성장 외래 진료에 오는 가족들이나 유튜브에 질문하는 남자, 여자아이 이외에도 키 때문에 힘들어하는 사람들이 더 많이 있을 거라는 생각이 들었습니다. 키 때문에 고민하는 사람들의 저변이 훨씬 넓을 거로 생각했지요.

이 책의 출발점도 그러한 생각 때문이었습니다. 이 책은 키로 고민하는 많은 분께 가급적 도움이 되는 정보를 전하고 싶은 마음을 담아 썼습니다. 키로 고민하고 있지만 '키를 늘린다고 해도 어디서부터 시작해야 할지 모르겠다'라든가 '우유를 매일 마시고 있는데 이것으로 충분할까' 등, 첫 발자국을 내딛는 방법을 알 수 없어 곤란한 아이들이 분명 많이 있을 것입니다. 아이의 키가 조금 작아서 '이 아이의 키가 자라지 않는 건 내 키가 작기 때문이 아닐까'라며 걱정하고 있는 부모님이나, 참을 수 없어 병원에 찾아갔지만 '병원에서 할 수 있는 일은 아무것도 없습니다'라는 말을 듣고 망연자실해 있는 부모님들도 분명 적지 않을 것입니다.

이 책은 키 때문에 고민하고 헤매며 힘들어하고 있는 분들께 다가가, 가능한 한 키 크는 도전을 도와드리기 위한 책입니다. 이미 읽어보신 분들은 아시겠지만 이 책에서는 키에 대한 저의 새로운 견해를 말씀드렸습니다. 외래의 문진과 유튜브로 받은 방대한 질문 중에서 여러분이 흥미를 느끼실지 의문이나 질문에 답변해 드리도록 지면이 허락하는 한 노력했습니다.

궁금했던 의문이 해소되거나 이해하지 못했던 내용을 이해할 수 있게 되면 머리를 정리할 수 있으며, 그것이 다음으로 한 발짝(물론, 키가 크기 위한 루틴 등) 내디딜 동기부여가 되기도 하겠지요.

그리고, 무엇보다도 이 책은 읽고 그 자리에서 할 수 있는 일을 중심으로 구성되어 있습니다. 왜냐하면, 키가 크려면 한정된 시간 안에서 승부를 봐야 하기 때문입니다.

키 크는 시기는 한정되어 있습니다. 사춘기 후반에 접어들면 골단선이 서서히 닫히기 시작해 키가 크기 점점 어려워집니다. 그 최종 지점이 보이는 일이기 때문에, 결의를 다진 뒤에 키가 크는 생활을 바로 시작해 보셨으면 좋겠습니다.

### 키가 크고 싶으신 여러분께

키가 크는 습관은 끈기 있게 지속해 나가는 것이 중요합니다. 저는 종종 대학 입시 시험에 비유하는데, 예상되는 평균 키보다 키가 더 크는 일은 등급이 높은 어려운 학교의 시험을 치는 것과 비슷한 일입니다.

문제집을 한 권 풀었다고 해서 붙을 수 있는 일이 아니며, 여름방학에 강의를 듣기만 하면 되는 일이 아닙니다. 아무래도 어려운 학교에 붙으려면, 모두가 지금 할 수 있는 일을 해 나가야 합니다. 매일매일 숙제를 하며 조금씩 학력을 쌓고, 문제집도 여러 권 풀어보면서 실력을 늘리는 일과 같습니다. 할 수 있는 일을 하나하나 착실히 해나가도록 합시다.

'1cm를 소중하게'라는 말을 저는 종종 합니다. 1cm 크는 것을 시시한 일로 취급하지 말고, 1cm씩 키를 쌓아나갑시다. 식사만 신경 쓰면 되는 거냐고 물으신다면 절대 그렇지 않으며, 식사도 운동도 수면도 열심히 노력하자고 말씀드리고 싶습니다. 오르기 힘든 산이라고 생각하실지도 모르지만, 그래도 한 발짝씩 앞으로 내딛는 것이 중요합니다.

이 책에서 소개한 대로, 오늘부터라도 시작할 수 있는 일이 여러 가지 있습니다. 스스로 할 수 있을 법한 일들, 시작하기 쉬운 일들부터 해도 상관없습니다. 일단 시작한 뒤에 하루하루 할 수 있는 일을 쌓아나가도록 합시다.

그리고 가족분들께 말씀드리고 싶습니다. 아이의 키가 자라려면 가족의 강력한 응원이 필요합니다. 키가 크기 위한 균형 잡힌 식사 레시피나 생활 습관을 지원해 주시길 부탁드립니다. 아이를 격려해 주시고 응원해 주십시오. 유튜브와 블로그에서도 많은 정보를 알려드리고 있으니 참고해 주시면 좋겠습니다. 한 번 더, 여러분께 말씀드리겠습니다.

희망을 품고 앞으로 나아갑시다! 저는 여러분을 그저 도와드릴 뿐입니다.
키가 크는 일은 여러분 자신만 할 수 있는 일이기 때문입니다. 키가 크기 위해 지금 '스스로 키를 늘리겠다'라는 결의를 다지고, 다시 한번 자신이 할 수 있는 일을 계속해 나갑시다.
이 책이 당신과 가족의 버팀목이 되어 좋은 결과를 만들어 내기를 진심으로 바랍니다.

'키 선생님' 다나베 유우

## 성장 시트 보는 법

- 성장 시트는 하단 QR코드에 있습니다.
- 남자아이용과 여자아이용이 있습니다.
- 세로 방향이 나이입니다.
  위에서 아래로, 3세부터 18세까지 3개월 간격으로 표시되어 있습니다.(여자아이용의 15세 이후는 6개월 간격)
- 가로 방향이 SD(표준 편차)값입니다. 오른쪽으로 갈수록 키가 큽니다.

[기본편]

자신의 키를 체크해 봅시다.
❶ 왼쪽 끝 행을 위에서부터 내려가 자신의 나이와 개월을 찾아보십시오.
❷ 그 행에서 옆으로 가, 현재 자신의 키를 찾아봅시다.
❸ 찾았다면 그곳을 표시합니다.
❹ 자신의 현재 키가 있는 열에서 쭉 밑으로 내려면 제일 하단에 수치가 있습니다. 이 수치가 평균적으로 키가 자랐을 때의 최종 키 예측치입니다.
❺ 물론, 이것은 어디까지나 예측치입니다. 모든 것은 여기서부터 시작합니다.
*개월 수까지 제대로 체크해 보길 추천합니다. 더 정확하게 예상할 수 있습니다.

[응용편]

❶ 과거의 키 데이터가 있다면 위의 기본편과 마찬가지로 각각의 나이와 개월 수마다 표시를 해둡시다.
❷ 키가 현재까지 어떻게 변화했는지, 어떠한 성장의 특징이 있는지 확인해 볼 수 있습니다.
❸ 이후의 키 성장도 기록해 둡시다.
❹ 현재 수치에서 오른쪽으로 이동해 나가면 평균보다 성장률이 높으며, 최종 키는 그 평균 키보다 커집니다.
❺ 반대로, 왼쪽으로 이동해 나가면 성장률이 평균보다 낮으며, 최종 키가 평균 키보다도 작아집니다.
❻ 조숙 타입과 만숙 타입에 따라 키 성장 방식에 차이가 있습니다. 과거, 현재, 그 이후를 기록해 둠으로써 타입의 차이와 최종 키를 더 확실히 예상할 수 있습니다.

**남아용과 여아용 성장 시트**
성장 시트를 다운로드 받아
출력해서 사용할 수 있습니다.

＊이 책에 나오는 성장 시트 수치는
일본 청소년 기준으로
참조용으로만 활용 가능합니다.

# 참고 문헌

### 1장

- 오가타 쓰토무: Target height and target range for Japanese children: revisited Clin Pediatr Endocrinol. 2007;16(4):85-7.

- 일반사단법인 일본소아내분비학회, 저자: 가토 히로코, 이소지마 쓰요시, 무라타 미츠노리, 기타: Clin Pediatr Endocrinol 25:71-76, 2016

- 일본성장학회, 일본소아내분비학회 합동표준치위원회 '2000년 일본인 소아의 체격 표준치'
  https://auxology.jp/ja-children-physique

- 교린제약주식회사, '소아의 LDH, ALP'

- 다나카 토시아키 외: 잠재기준치 추출법에 따른 소아임상검사기준치 범위의 설정 일본소아과학회 잡지 112:1117-1132' 2008

- Jakob Zierk et al.: Pediatric reference intervals for alkaline phosphatase Clin Chem Lab Med. 2017 Jan 1;55(1):102-110.

( 2장 )

● 히라모토 요시스케: 에도시대인의 키와 관의 크기

에도유적연구회 1996년 2102/115/9

● P.Grasgruber et al.: Major correlates of male height: A study of 105 countries Economics&Human Biology Volume 21, May 2016, Pages 172-195

● P.Grasgruber et al.: The role of nutrition and genetics as key determinants of the positive height trend

● Jamie I Baum et al.: The effect of egg supplementation on growth parameters in children participating in a school feeding program in rural Uganda: a pilot study
Food Nutr Res. 2017 Jun 6;61(1):1330097.

● Catherine S berkey et al.: Dairy consumption and female height growth: prospective cohort study
Cancer Epidemiol Biomarkers Prev. 2009 Jun;18(6):1881-7.

● 크리스티나 와리너: 실룩거리는 낙농 문화 유라시아 선사시대의 기원부터 현대의 다양성까지

https://m-alliance.j-milk.jp/jmilk-news/2019news/detail/
huh1j4000000be19-att/a1548033690254.pdf

- Haemoglobin concentrations for the diagnosis of anaemia and assessment of severity.
Geneva: World Health Organization; 2011(43).

- Ashraf T. Soliman et al.: Linear Growth in Children with Iron Deficiency Anemia Before and After Treatment
Journal of Tropical Pediatrics, Volume 55, Issue 5, October 2009, Pages 324-327.

- Sanguansak Rerksuppaphol et al.: Zinc supplementation enhances linear growth in school-aged children: A randomized controlled trial
Pediatr Rep. 2018 Jan 4;9(4):7294.

- 일본임상학회: 아연결핍증 진단 지침 2018
http://jscn.gr.jp/pdf/aen2018.pdf

- Jihye Kim et al.: High serum isoflavone concentrations are associated with the risk precocious puberty in Korean girls

Clin Endocrinol(Oxf).2011 Dec;75(6):831-5. doi: 10.1111/j.1365-2265.2011.04127.x.

- Dr. Marzena Pabich et al: Biological Effect of Soy Isoflavones in the Prevention Civiliztion Diseases

- 다카쿠와 사토시: 현대 아이들은 조숙한가
https://www.ecochil-osaka.jp/sickness/page-1297/

- Wenyan Li et al.: Association between Obesity and Puberty Timing: A Systematic Review and Meta-Analysis
Int J Environ Res Public Health. 2017 Oct 24;14(10):1266.

## 3장

- J. OJile et al.: Everyone Sleeps!—(Poorly) or Not Enough: Sleep as a Priority and Vital Sign Am J Health Promot. 2018 Sep;32(7):1635-1639.

- Y.Takahashi et al.: Growth hormone secretion during sleep
J Clin Invest. 1968 Sep; 47(9): 2079-2090.

( 4장 )

- Laurie Wideman et al.: The impact of sex and exercise duration on growth hormone secretion

    J Appl Physiol(1985). 2006 Dec;101(6):1641-7.

- Laurie Wideman et al.: The effect of exercise type on immunofunctional and traditional growth hormone

    Eur J Appl Physiol. 2007 Jun;100(3):321-30.

- Keizo Sakamoto et al.: Effects of unipedal standing balance exercise on the prevention of falls and hip fracture among clinically defined high-risk elderly indivituals: a randomized controlled trial

    J Orthop Sci. 2006 Oct; 11(5):467-72.

# 키 10cm 더 크는
# 슈퍼루틴

**1판 1쇄 인쇄** 2025년 8월 5일
**1판 1쇄 발행** 2025년 8월 10일

**지은이** 다나베 유우
**옮긴이** 박현아
**펴낸이** 이윤규

**펴낸곳** 유아이북스
**출판등록** 2012년 4월 2일
**주소** 서울시 용산구 효창원로 64길 6
**전화** (02) 704-2521
**팩스** (02) 715-3536
**이메일** uibooks@uibooks.co.kr

ISBN 979-11-6322-168-5 (03590)
값 15,000원

- 이 책은 저작권법에 따라 보호받는 저작물이므로 무단전재와 복제를 금지하며,
  이 책 내용의 일부를 이용할 때도 반드시 지은이와 본 출판사의 서면동의를 받아야 합니다.

- 잘못된 책은 구입하신 곳에서 바꾸어 드립니다.